PLANEJAMENTO ESTRATÉGICO

O GEN | Grupo Editorial Nacional – maior plataforma editorial brasileira no segmento científico, técnico e profissional – publica conteúdos nas áreas de ciências sociais aplicadas, exatas, humanas, jurídicas e da saúde, além de prover serviços direcionados à educação continuada e à preparação para concursos.

As editoras que integram o GEN, das mais respeitadas no mercado editorial, construíram catálogos inigualáveis, com obras decisivas para a formação acadêmica e o aperfeiçoamento de várias gerações de profissionais e estudantes, tendo se tornado sinônimo de qualidade e seriedade.

A missão do GEN e dos núcleos de conteúdo que o compõem é prover a melhor informação científica e distribuí-la de maneira flexível e conveniente, a preços justos, gerando benefícios e servindo a autores, docentes, livreiros, funcionários, colaboradores e acionistas.

Nosso comportamento ético incondicional e nossa responsabilidade social e ambiental são reforçados pela natureza educacional de nossa atividade e dão sustentabilidade ao crescimento contínuo e à rentabilidade do grupo.

Arnaldo Rosa de Andrade

PLANEJAMENTO ESTRATÉGICO

- FORMULAÇÃO
- IMPLEMENTAÇÃO
- CONTROLE

2ª edição

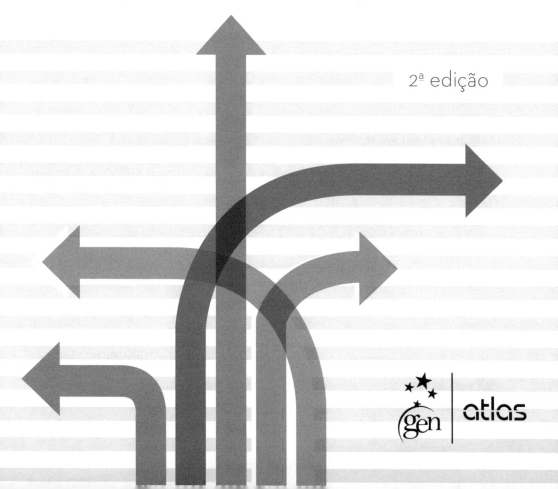

- O autor deste livro e a editora empenharam seus melhores esforços para assegurar que as informações e os procedimentos apresentados no texto estejam em acordo com os padrões aceitos à época da publicação, *e todos os dados foram atualizados pelo autor até a data de fechamento do livro*. Entretanto, tendo em conta a evolução das ciências, as atualizações legislativas, as mudanças regulamentares governamentais e o constante fluxo de novas informações sobre os temas que constam do livro, recomendamos enfaticamente que os leitores consultem sempre outras fontes fidedignas, de modo a se certificarem de que as informações contidas no texto estão corretas e de que não houve alterações nas recomendações ou na legislação regulamentadora.

- O autor e a editora se empenharam para citar adequadamente e dar o devido crédito a todos os detentores de direitos autorais de qualquer material utilizado neste livro, dispondo-se a possíveis acertos posteriores caso, inadvertida e involuntariamente, a identificação de algum deles tenha sido omitida.

- **Atendimento ao cliente: (11) 5080-0751 | faleconosco@grupogen.com.br**

- Direitos exclusivos para a língua portuguesa
  Copyright © 2011, 2024 (4ª impressão) by
  Editora Atlas Ltda.
  Uma editora integrante do GEN | Grupo Editorial Nacional

- Travessa do Ouvidor, 11
  Rio de Janeiro – RJ – 20040-040
  www.grupogen.com.br

- Reservados todos os direitos. É proibida a duplicação ou reprodução deste volume, no todo ou em parte, em quaisquer formas ou por quaisquer meios (eletrônico, mecânico, gravação, fotocópia, distribuição pela Internet ou outros), sem permissão, por escrito, da Editora Atlas Ltda.

- Designer de Capa: Caio Cardoso
- Imagem: Different way arrows infographics | Freepik
- Editoração eletrônica: Clique Fotolito

- Ficha catalográfica

Dados Internacionais de Catalogação na Publicação (CIP)
(Câmara Brasileira do Livro, SP, Brasil)

Andrade, Arnaldo Rosa de
  Planejamento estratégico: formulação, implementação e controle / Arnaldo Rosa de Andrade. – 2. ed. [4ª Reimp.] - São Paulo: Atlas, 2024.

  Bibliografia.
  ISBN 978-85-97-00879-1

  1. Administração de empresas 2. Planejamento empresarial 3. Planejamento estratégico
  I. Título.

11-11709   CDD-658.4012

Índice para catálogo sistemático:
1. Planejamento estratégico : Administração de empresas   658.4012

Sumário

1 Introdução, 1

2 Conceito de Planejamento e o Processo de Planejamento Estratégico, 3
2.1 O conceito de estratégia, 3
2.2 Níveis de estratégia, 6
2.3 O conceito de planejamento, 11
2.4 Características do planejamento estratégico, 15
2.5 A operacionalização do processo de planejamento estratégico, 19

3 Negócio, Missão e Visão Estratégica, 23
3.1 Definição do negócio, 23
3.2 Identificação da missão, 27
3.3 Visão estratégica, 32

4 Análise SWOT – Parte I: Fatores Internos, 37
4.1 Análise dos recursos, 41
4.2 Análise das capacidades, 44
4.3 Análise funcional, 51
4.4 Análise da cultura e do clima organizacional, 54

5 Análise SWOT – Parte II: Fatores Externos, 57
5.1 Ambiente operacional, 60

5.1.1 O modelo das cinco forças competitivas, 61

5.1.2 O desenvolvimento da estratégia competitiva, 68

5.1.3 Além das cinco forças competitivas, 71

5.2 Ambiente geral, 72

6 Posicionamento Estratégico da Organização, 77

6.1 Estratégias de estabilidade e de sobrevivência, 79

6.2 Estratégias de crescimento estável, 80

6.3 Estratégias de crescimento real, 82

6.4 Posicionamento estratégico, crescimento e diversificação, 82

7 Objetivos Estratégicos, 86

7.1 Conceito e importância dos objetivos, 86

7.2 O processo de fixação de objetivos estratégicos, 90

8 Planos de Ação, 100

9 Planejamento Estratégico em Diferentes Contextos, 109

9.1 Tipologias organizacionais, 109

9.2 A concepção emergente de estratégias, 113

9.3 O planejamento estratégico em pequenas e médias empresas, 115

9.4 O planejamento estratégico em grandes empresas, 116

9.5 O planejamento estratégico em organizações maquinais, 117

9.6 O planejamento estratégico em organizações profissionais, 117

9.7 O planejamento estratégico em organizações governamentais, 118

9.8 O planejamento estratégico em organizações sem fins lucrativos, 119

10 Estruturas Organizacionais: Componentes e Fatores Contextuais, 120

10.1 Os componentes estruturais das organizações, 121

10.1.1 A formalização, 123

10.1.2 A diferenciação e a integração, 124

10.1.3 A centralização e a descentralização, 125

10.1.4 A coordenação, 126

10.1.5 O controle, 129

10.2 Os fatores contextuais da estrutura organizacional, 131

10.2.1 O tamanho, 132

10.2.2 A tecnologia, 134

10.2.3 O ambiente, 137

10.2.4 A escolha da estratégia, 139

11 Tipos de Estrutura Organizacional, 144

11.1 Estrutura simples, 145

11.2 Estrutura funcional, 147

11.3 Estrutura multidivisional, 149

11.4 Estrutura matricial, 151

12 Diferenciação Horizontal: Departamentalização, 154

12.1 Departamentalização funcional, 155

12.2 Departamentalização por produto, 156

12.3 Departamentalização por cliente, 157

12.4 Departamentalização por processo, 158

12.5 Departamentalização por região, 158

12.6 Departamentalização por projeto, 159

13 Instrumentos de Apoio ao Planejamento Estratégico, 161

13.1 Segmentação de mercado, 161

13.2 Ciclo de vida do produto, 164

13.3 Curva ABC, 167

13.4 Matriz BCG, 168

Apêndice, 171

Referências, 179

Lista de Quadros

Quadro 3.1 Definição do negócio: visão míope e visão estratégica, 25

Quadro 3.2 Definição do negócio amplo-restrito, 26

Quadro 3.3 Exemplos de utilização do negócio como *slogan*, 27

Quadro 3.4 Questões para se definir a missão da empresa, 29

Quadro 4.1 Indicadores potenciais de pontos fortes e pontos fracos, 40

Quadro 4.2 Identificação, classificação e desenvolvimento de capacidades funcionais, 46

Quadro 5.1 Indicadores potenciais de oportunidades e ameaças, 58

Quadro 5.2 Análise comparativa com a concorrência, 63

Quadro 5.3 Requisitos para a implementação das três estratégias genéricas, 71

Quadro 6.1 Alternativas de crescimento/diversificação (Ansoff), 83

Quadro 6.2 Estratégias organizacionais (Miles e Snow), 84

Quadro 7.1 Objetivos gerais dos *stakeholders* da Kellogg, 89

Quadro 7.2 Objetivos estratégicos da empresa, 99

Quadro 13.1 Bases para segmentação de mercado, 162

Quadro 13.2 Curva ABC – clientes × faturamento total com vendas, 167

Quadro 13.3 Curva ABC – produto × volume total de vendas, 168

Lista de Figuras

Figura 2.1 Os níveis de estratégia, 10

Figura 2.2 Níveis organizacionais, 13

Figura 2.3 Sistema de planejamento organizacional, 15

Figura 2.4 Esquema geral do processo de planejamento estratégico, 20

Figura 3.1 Identificação do cliente, 29

Figura 4.1 Análise do ambiente interno das organizações, 41

Figura 4.2 A cadeia de valor, 48

Figura 4.3 O sistema de valor, 50

Figura 4.4 Exemplo de criação de valor para o cliente, 50

Figura 4.5 Cultura e clima organizacional, 55

Figura 5.1 Análise do ambiente externo das organizações, 60

Figura 5.2 As cinco forças competitivas do setor industrial, 61

Figura 6.1 Ciclo de vida da empresa, 78

Figura 7.1 O processo de fixação de objetivos estratégicos, 93

Figura 8.1 Formulário para o desenvolvimento de planos de ação, 101

Figura 9.1 Estratégias deliberadas e emergentes, 114

Figura 10.1 O processo de controle, 131

Figura 11.1   Estrutura simples, 146
Figura 11.2   Estrutura funcional, 148
Figura 11.3   Estrutura multidivisional, 150
Figura 11.4   Estrutura matricial, 152
Figura 12.1   Departamentalização funcional, 156
Figura 12.2   Departamentalização por produto (exemplo a), 157
Figura 12.3   Departamentalização por produto (exemplo b), 157
Figura 12.4   Departamentalização por cliente, 158
Figura 12.5   Departamentalização por processo, 158
Figura 12.6   Departamentalização por região (exemplo a), 159
Figura 12.7   Departamentalização por região (exemplo b), 159
Figura 12.8   Departamentalização por projeto (exemplo a), 160
Figura 12.9   Departamentalização por projeto (exemplo b), 160
Figura 13.1   Ciclo de vida do produto, 165
Figura 13.2   Matriz BCG, 169

Ilustração

Ilustração 5.1   Vídeo New, problema ou oportunidade?, 59

1

Introdução

A sociedade atual se caracteriza pelo aparecimento de uma série de fatos que aumentam dia a dia a dificuldade administrativa das organizações, impedindo-as de atuar de maneira improvisada. As mudanças de natureza econômica, política, tecnológica e social levaram os líderes empresariais a se preocuparem, de uma forma mais intensa, com o aperfeiçoamento de seus processos de planejamento e gestão.

Neste contexto, vários estudiosos e pesquisadores da área da Administração vêm realizando esforços para apoiar a atividade empresarial. Uma grande parte destes esforços está orientada para o campo da estratégia e, mais especificamente, para o *planejamento estratégico*, que atualmente ocupa um lugar de destaque na literatura especializada.

Considerado um importante instrumento da administração, o planejamento estratégico passou a ser utilizado como uma das principais ferramentas de auxílio aos administradores no desempenho de suas tarefas de tomada de decisão e de condução da empresa, e igualmente como mecanismo útil ao logro de objetivos desejados.

O conteúdo deste livro se inicia destacando a importância do planejamento estratégico como instrumento de gestão.

O Capítulo 2 trata de conceituar estratégia e de conceituar e caracterizar o sistema de planejamento organizacional, além de proporcionar uma visão geral sobre o processo de planejamento estratégico.

O Capítulo 3 trata de questões sobre a definição do negócio, da missão e da visão estratégica da organização.

Os Capítulos 4 e 5 versam sobre a análise SWOT – *Strengths, Weaknesses, Opportunities* e *Threats* (Pontos fortes, Pontos fracos, Oportunidades e Ameaças). O Capítulo 4 aborda a análise dos fatores internos da organização, destacando a identificação de seus principais pontos fortes e pontos fracos. Quanto ao Capítulo 5, trata da análise do ambiente externo e do processo de identificação de oportunidades e ameaças.

O Capítulo 6 aborda o posicionamento estratégico que a organização deverá adotar para orientar a futura definição de objetivos e estratégias de ação.

O Capítulo 7 versa sobre a definição dos objetivos globais e de longo prazo da organização (objetivos estratégicos).

O Capítulo 8 trata do desdobramento do processo de planejamento estratégico em planos mais detalhados e específicos, incluindo atividades de natureza tática e operacional (planos de ação).

O Capítulo 9 discute a aplicação do planejamento estratégico em diferentes contextos.

O Capítulo 10 trata dos componentes e dos fatores contextuais da estrutura organizacional.

O Capítulo 11 apresenta os principais tipos de estrutura organizacional.

O Capítulo 12 versa sobre os critérios mais utilizados para se definir a departamentalização.

O Capítulo 13 apresenta alguns instrumentos que podem ser utilizados como apoio ao desenvolvimento do processo de planejamento estratégico.

Finalmente, o Apêndice apresenta um exemplo real de um plano emergencial.

2 Conceito de Planejamento e o Processo de Planejamento Estratégico

2.1 O CONCEITO DE ESTRATÉGIA

A estratégia constitui um tema bastante recente no meio empresarial, mas a sua origem é muito antiga. Há cerca de 2.500 anos, Sun Tzu, um filósofo que se transformou em general, escreveu o mais famoso dos antigos manuais estratégicos chineses: *A arte da guerra*.[1] Assim, muitos dos conceitos utilizados no *mundo dos negócios* têm seus antecedentes no campo militar: "a palavra *estratégia* procede da palavra grega *strategos*, formada por *stratos*, que significa exército, e – *ag*, que significa dirigir".[2]

No contexto empresarial, foi a partir do início da década de 1960 que o estudo da estratégia passou a ser um objeto de interesse crescente por parte de muitos executivos, estudiosos e pesquisadores da área da administração. O volume de trabalhos e pesquisas que tem sido realizado para apoiar a atividade empresarial contribuiu para que a estratégia se convertesse no núcleo da literatura especializada em gestão.

---

[1] TZU, Sun. **A arte da guerra**. 19. ed. Rio de Janeiro: Record, 1997 (escritos originais: século VI a.C.); TZU, Sun. **A arte da guerra**: os documentos perdidos. 3. ed. Rio de Janeiro: Record, 1997 (escritos originais: século VI a.C.).

[2] GRANT, Robert M. **Dirección estratégica:** conceptos, técnicas y aplicaciones. Madrid: Civitas, 1996.

Em função dessa importância, este tema apresenta um corpo de conhecimentos que, além de amplo, se caracteriza por uma variedade de perspectivas, o que dificulta as tentativas de se apresentar um conceito que possa vir a ser *universalmente aceito*, por exemplo:

Chandler[3] define estratégia como a determinação das metas básicas de longo prazo e dos objetivos da empresa, assim como a adoção dos cursos de ação e da alocação dos recursos necessários para levar a cabo estas metas.

Para Ansoff,[4] a palavra estratégia significa regras de decisão em condições de desconhecimento parcial, ou seja, quando somente algumas das alternativas possíveis são conhecidas.

Para Steiner,[5] estratégia refere-se às ações necessárias para o alcance dos objetivos pretendidos.

Segundo Andrews,[6] estratégia é o padrão dos objetivos, propósitos ou metas e as políticas e planos essenciais para conseguir ditas metas, estabelecidas de tal maneira que definam em que tipo de negócio a empresa está ou quer estar e que tipo de empresa é ou quer ser.

Na concepção de Mintzberg,[7] há pelo menos cinco formas distintas para definir estratégia: (1) plano, (2) pauta de ação, (3) padrão, (4) posição e (5) perspectiva.

Como **plano** (que, para Mintzberg, é o conceito mais utilizado), a estratégia é uma espécie de curso de ação conscientemente determinado, um guia (ou uma série de guias) para abordar uma situação específica. De acordo com essa definição, estas são elaboradas antes das ações às quais aplicar-se-ão, e desenvolver-se-ão de maneira consciente e com um propósito determinado. Isto é, primeiro as estratégias são formuladas para depois serem implementadas.

Desde um ponto de vista mais restrito, a estratégia (como um plano) pode ser concebida como uma **pauta de ação** específica. Por exemplo, as "manobras" que as empresas utilizam no "jogo de mercado", para fazer frente aos competidores.

Como **padrão**, a estratégia é um modelo de comportamento que, de uma maneira intencional, ou não, adquire consistência com o fluxo das ações desenvolvidas. Por exemplo, as ações que produziram resultados positivos para uma

---

[3]   CHANDLER, Alfred D. Jr. **Strategy and structure**: chapters in the history of american industrial enterprise. Cambridge, MA: MIT Press, 1962.

[4]   ANSOFF, H. Igor. **Corporate strategy**: an analytic approach to business policy for growth and expansion. New York: McGraw-Hill, 1965.

[5]   STEINER, George A. **Planificación de la alta dirección**. Barañáin (Navarra): EUNSA, 1994.

[6]   ANDREWS, Kenneth R. **The concept of corporate strategy**. Illinois: Dow Jones-Irwin, 1971.

[7]   MINTZBERG, Henry. *Las cinco Ps de la estrategia*. In: MINTZBERG, Henry; QUINN, James Brian. **El proceso estrategico**: conceptos, contextos y casos. México: Prentice Hall, 1993.

determinada empresa tendem, gradualmente, a influenciar a forma pela qual esta agirá no futuro, "criando" um padrão de comportamento.

O seu conceito como **posição**, em termos empresariais, se refere à localização da empresa no que os teóricos da organização costumam chamar de "ambiente externo". Utilizando uma "linguagem administrativa", pode-se dizer que esta posição, geralmente, refere-se a um determinado domínio de produto/mercado, identificado mediante a análise de oportunidades e ameaças ambientais.

A estratégia como **perspectiva** "olha para o interior da organização", isto é, cada empresa tem uma maneira particular de "perceber o mundo" e de "fazer as coisas". Por exemplo, a IBM desenvolve suas estratégias através da valorização do marketing, a Hewlett-Packard através do desenvolvimento de uma cultura de engenharia, e o McDonald's, através da ênfase na qualidade, nos serviços e na limpeza.

De acordo com essa definição, as estratégias são perspectivas compartilhadas pelos e entre os membros de uma organização, através de suas intenções e de suas ações.

Os conceitos apresentados anteriormente deixam claro que a estratégia pode ser entendida sob distintos pontos de vista. Assim, em função da grande diversidade de perspectivas que caracteriza a literatura que trata deste tema, resulta difícil conceituá-la de uma forma exata e livre de ambiguidades. Contudo, é possível afirmar que a estratégia, em termos gerais, lida com (1) a definição das linhas de negócio da organização, (2) a definição dos objetivos organizacionais, (3) a determinação de como desenvolver as atividades empresariais frente ao ambiente competitivo e (4) a forma de articular as diversas áreas funcionais para facilitar o êxito da organização.

Neste livro, entretanto, esta é conceituada *como a definição dos cursos de ações necessárias para o alcance dos objetivos organizacionais, tendo em vista o contexto ambiental interno e externo.* Num segundo momento, no decorrer do Capítulo 6 (Posicionamento estratégico da organização), se utilizará o conceito de estratégia como *o posicionamento da organização frente ao ambiente competitivo.*

A estratégia pode ser conceituada também como um processo cuja finalidade é possibilitar o alcance da situação futura desejada pela organização. E, senão o único, mas, pelo menos, o principal instrumento utilizado neste sentido é o **planejamento estratégico**, cujo desenvolvimento inclui três diferentes níveis de estratégia: estratégia corporativa, estratégia ao nível de unidade de negócio e estratégias funcionais, tal como se apresenta a seguir.

2.2 NÍVEIS DE ESTRATÉGIA

A hierarquização da estratégia em diferentes níveis, de acordo com Menguzzato e Renau,[8] responde às necessidades práticas de melhorar a gestão frente ao ambiente cada vez mais turbulento, principalmente em empresas que exercem uma grande variedade de atividades. Comentam também esses autores que nas empresas que desenvolvem apenas uma atividade, ou negócio, se poderia aceitar apenas um nível de estratégia. Entretanto, quanto mais turbulento for o ambiente, maior será a necessidade de se distinguir estes três níveis de estratégia.

Nesse mesmo sentido, Thompson Jr. e Strickland III[9] comentam que a elaboração da estratégia não é uma tarefa somente dos executivos da cúpula administrativa. Nas empresas grandes, principalmente, as decisões sobre as abordagens a serem tomadas e quais as novas mudanças que devem ser iniciadas envolvem tanto os executivos que atuam no nível corporativo como os dirigentes de unidades de negócio e os gerentes de áreas funcionais existentes em cada uma das unidades.

Dessa forma, os três diferentes níveis de estratégia apresentam as seguintes características:

A **estratégia corporativa**, segundo Craig e Grant,[10] "refere-se às decisões relativas aos negócios em que a empresa deve entrar e sair, e como deve distribuir os recursos entre os diferentes negócios em que está envolvida". A estratégia neste nível, segundo Menguzzato e Renau,[11] considera a empresa em relação ao ambiente externo, definindo em que atividades se quer participar e qual a combinação mais apropriada entre estas. Dessa forma, a questão fundamental da estratégia corporativa refere-se à análise da atratividade do setor onde a empresa atua e/ou pretende atuar, assim como as decisões que tratam do desenvolvimento de capacidades e da alocação de recursos entre os diferentes negócios que configuram o seu âmbito de atuação.

De acordo com Thompson Jr. e Strickland III,[12] "a estratégia corporativa estende-se por toda a empresa, como um guarda-chuva, sobre todos os seus negócios. Ela consiste das mudanças feitas para estabelecer posições comerciais em

---

[8]   MENGUZZATO, Martina; RENAU, Juan José. **La dirección estratégica de la empresa**: un enfoque innovador del management. Barcelona: Ariel, 1992, p. 87.

[9]   THOMPSON JR., Arthur; STRICKLAND III, A. J. **Planejamento estratégico**: elaboração, implementação e execução. São Paulo: Pioneira Thompson Learning, 2004, p. 54.

[10]   CRAIG, James; GRANT, Robert. **Gerenciamento estratégico**. São Paulo: Littera Mundi, 1999, p. 11.

[11]   MENGUZZATO; RENAU, op. cit., 1992, p. 87-88.

[12]   THOMPSON JR.; STRICKLAND III, op. cit., 2004, p. 55.

diferentes indústrias e as abordagens usadas para gerenciar o grupo de negócios da empresa".

Comentam também estes autores[13] que, nas empresas diversificadas, a estratégia corporativa trata de estabelecer posições comerciais em diferentes indústrias e de como melhorar o desempenho do grupo de negócios em que a empresa se diversificou, o que inclui quatro diferentes iniciativas:

a) fazer mudanças para executar a diversificação, o que inclui decisões sobre a escolha das indústrias (ou setores) em que a empresa pretende se diversificar e sobre o seu posicionamento em cada indústria-alvo;

b) iniciar ações para reforçar o desempenho combinado dos negócios nos quais a empresa se diversificou, o que exige a tomada de decisões para se iniciar o desenvolvimento de estratégias de crescimento para os negócios mais promissores; a manutenção de negócios saudáveis; a reviravolta em negócios de desempenho fraco, mas que tenham potencial; e a eliminação de negócios que deixaram de ser atrativos ou que já não se ajustam aos planos de longo prazo da empresa;

c) descobrir maneiras de conquistar a sinergia entre as unidades de negócio correlatas e transformá-la em vantagem competitiva. Quando uma empresa se diversifica em negócios que têm tecnologias correlatas, características operacionais similares, mesmos canais de distribuição, clientes comuns ou alguma outra relação sinérgica, ganha vantagem competitiva potencial que não existe para uma empresa que tenha se diversificado em negócios totalmente não relacionados. Quanto maior a correlação entre os negócios de uma empresa diversificada, maiores são as oportunidades de transferência de habilidades e/ou compartilhamento de negócios e maior a possibilidade de criação de vantagem competitiva;

d) estabelecimento de prioridades de investimento e diferenciação de recursos corporativos para as unidades de negócio mais atrativas. Os diferentes negócios de uma empresa diversificada normalmente não são igualmente atrativos sob o ponto de vista de investimentos adicionais. Assim, a estratégia corporativa exige a decisão a respeito do estabelecimento de prioridades sobre os investimentos de capital nos negócios e a canalização de recursos para as áreas onde o potencial de ganhos é maior, assim como o desvio de recursos onde este potencial é menor.

---

13 THOMPSON JR.; STRICKLAND III, op. cit., 2004, p. 55-58.

A **estratégia ao nível de unidade de negócios**, ou estratégia competitiva, de acordo com Craig e Grant,[14] "refere-se aos meios pelos quais a empresa busca vantagem competitiva em cada um de seus negócios mais importantes".

Neste nível, as decisões tratam de determinar como desenvolver o melhor possível as atividades da empresa, ou de cada uma de suas unidades de negócio, se for o caso. Assim, o problema principal da estratégia empresarial concerne *ao desenvolvimento da fórmula de como a empresa vai competir.*

De acordo com Hitt, Ireland e Hoskisson,[15] a estratégia no nível de negócio é um conjunto integrado e coordenado de compromissos e ações, cujo objetivo é gerar valor para o cliente e alcançar uma vantagem competitiva através da exploração de competências essenciais em mercados de produtos específicos e individuais. Assim, a estratégia ao nível de unidade de negócio espelha a convicção de uma empresa de onde e como possuir uma vantagem competitiva em relação a seus rivais.

A estratégia em nível de unidade de negócios, de acordo com Thompson Jr. e Strickland III,[16] tem como finalidade principal formar e reforçar a posição competitiva de longo prazo da empresa no mercado, tendo como principais preocupações: (1) responder às novas necessidades e preferências do consumidor e às mudanças que ocorrem na indústria e no ambiente como um todo; (2) elaborar as mudanças competitivas e abordagens de mercado que possam conduzir à vantagem competitiva sustentada; (3) unificar as iniciativas estratégicas dos departamentos funcionais; (4) comunicar problemas estratégicos específicos em relação ao negócio da empresa.

Discutindo sobre os diferentes níveis de estratégia, Grant[17] comenta que a estratégia corporativa lida com questões relacionadas à definição do âmbito da empresa em termos de setores e mercados em que a mesma pretende atuar, incluindo decisões tais como investimentos em diversificação, criação de novas unidades de negócio, alocação de recursos entre as diferentes atividades da organização e os desinvestimentos. Quanto à estratégia ao nível de unidade de negócio, esta se ocupa com as decisões relacionadas à definição de como a empresa deve competir em determinados setores ou mercados, adotando estratégias que proporcionem vantagens competitivas sobre os concorrentes. Por isso, a estratégia em nível de unidade de negócios é, muitas vezes, chamada de *estratégia competitiva.* Assim,

---

[14] CRAIG; GRANT, op. cit., 1999, p. 11.

[15] HITT, Michael; IRELAND, R. Duane; HOSKISSON, Robert E. **Administração estratégica**. São Paulo: Thompson, 2003, p. 146.

[16] THOMPSON JR.; STRICKLAND III, op. cit., 2004, p. 59-60.

[17] GRANT, Robert M. **Dirección estratégica**: conceptos, técnicas y aplicaciones. Madrid: Civitas, 1996.

de acordo com o que comenta Grant,[18] a estratégia corporativa tem como tarefa principal a *seleção do âmbito*, e a estratégia ao nível de unidade de negócio a tarefa de *como navegar neste âmbito*.

Por último, a **estratégia funcional** inclui as decisões/ações desenvolvidas pelas diversas áreas funcionais da empresa, tais como produção, marketing, finanças, materiais e gestão de pessoas.

Cada uma destas áreas funcionais, de maneira integrada e alinhada com as estratégias tanto em nível corporativo como de unidade de negócio, encarrega-se de programar e desenvolver as ações necessárias para atingir as metas de médio e curto prazos, colaborando assim com o alcance dos objetivos estratégicos da organização.

A importância das estratégias funcionais, de acordo com Hill e Jones,[19] reside no fato de que a vantagem competitiva de qualquer empresa está diretamente relacionada com sua capacidade de apresentar um desempenho superior em eficiência, qualidade, inovação e capacidade, ajustando-se assim às expectativas dos clientes. Salientam também esses autores que, para conseguir tal desempenho, é fundamental que a empresa busque a excelência das atividades operacionais, tais como produção, marketing, finanças, materiais e gestão de pessoas.

Nesse sentido, Menguzzato e Renau[20] afirmam que a principal questão desse nível de estratégia é como utilizar e aplicar os recursos e habilidades dentro de cada área funcional com a finalidade de maximizar a produtividade desses recursos. Desse modo, as estratégias funcionais tratam de contribuir para que se alcancem os objetivos da empresa, dando sustento à estratégia corporativa e às estratégias ao nível de unidade de negócios.

A Figura 2.1 ilustra os três níveis de estratégia:

---

[18] GRANT, op. cit., 1996, p. 72.

[19] HILL, Charles W. L.; JONES, Gareth R. **Administración estratégica**: un enfoque integrado. Santafé de Bogotá: McGraw-Hill, 1996, p. 12.

[20] MENGUZZATO; RENAU, op. cit., 1992, p. 88.

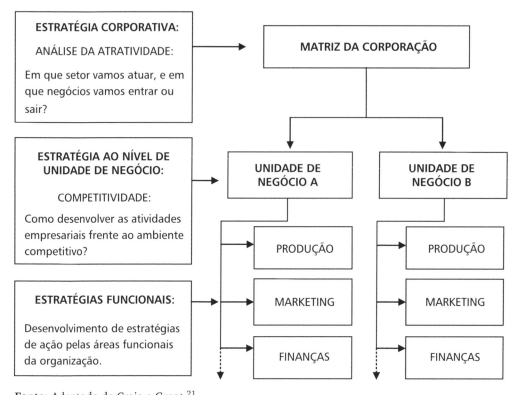

Fonte: Adaptada de Craig e Grant.[21]

Figura 2.1 *Os níveis de estratégia.*

Nas organizações multiempresariais, tal como as multinacionais, a estratégia corporativa constitui uma responsabilidade da matriz, e servirá como parâmetro para que suas unidades de negócio (ou filiais) desenvolvam suas estratégias (estratégia em nível de unidade de negócios e estratégias funcionais).

Sobre isto, Thompson Jr. e Strickland III[22] comentam que "para uma empresa isolada, de um único negócio, a estratégia corporativa e a estratégia do negócio são a mesma coisa porque existe somente um negócio; a distinção entre estratégia corporativa e estratégia do negócio é relevante somente se a empresa for diversificada".

Dessa forma, nas empresas menores, principalmente aquelas compostas por uma única unidade, não existe esta *divisão de responsabilidade*. Nesse caso a cúpula administrativa se encarrega de desenvolver um processo de planejamento estratégico que inclui tanto as decisões quanto ao setor em que a empresa atua

---

[21] Op. cit., 1999, p. 12.
[22] THOMPSON JR.; STRICKLAND III, op. cit., 2004, p. 59.

e/ou pretende atuar como os negócios em que vai entrar ou sair. Do mesmo modo, se encarrega de desenvolver as diversas atividades empresariais frente ao ambiente competitivo e, também, de coordenar o desenvolvimento das estratégias funcionais. Em resumo, nas empresas menores, os principais dirigentes geralmente são responsáveis diretos pelos três níveis de estratégia (corporativa, competitiva e funcional).

2.3 O CONCEITO DE PLANEJAMENTO

Existem empresários, principalmente entre os pequenos, que acreditam que o planejamento constitui uma atividade altamente complexa, com um elevado custo de implementação e, consequentemente, acessível apenas às grandes empresas; a realidade, entretanto, é muito diferente.

Na verdade, o planejamento constitui uma atividade inerente ao ser humano. Isto é, mesmo que de maneira informal, cada um de nós desenvolve diariamente pelo menos um processo de planejamento. Por exemplo, para sair de casa pela manhã para ir trabalhar, é comum "darmos uma espiada pela janela" para ver como está o tempo e assim escolher a roupa de acordo. Em seguida, em função das informações obtidas com esse diagnóstico, decidimos sobre a roupa que devemos vestir. O passo seguinte a esta decisão é a ação, isto é, vamos vestir a roupa e sair de casa para cumprir nosso objetivo (ir para o trabalho).

Enquanto caminhamos para o nosso destino, muitas vezes pensamos alguma coisa como: "ainda bem que eu trouxe a minha jaqueta, pois o tempo está ficando mais frio".

Esse exemplo, ainda que muito simples, constitui um processo de planejamento composto por diferentes etapas: (1) objetivo: ir para o trabalho, (2) diagnóstico: espiar pela janela para obter informações sobre o tempo, (3) decisão: escolher a roupa em função do diagnóstico realizado, (4) ação: vestir a roupa e sair rumo ao trabalho e (5) avaliação: comentar consigo mesmo sobre a escolha correta ou não da roupa que estamos usando.

No caso das pequenas empresas acontece algo que se assemelha a este exemplo, uma vez que, mesmo sendo informal, estas desenvolvem processos de planejamento, geralmente, constituídos por etapas como:

a) definição de objetivos: as pequenas empresas, ainda que não o façam por escrito, deveriam ter seus objetivos muito claros. Todo empresário deveria saber o que quer em termos de faturamento, lucro, participação no mercado, crescimento futuro etc.;

b) diagnóstico: para facilitar o alcance desses objetivos, os dirigentes das empresas deveriam "ficar de olho" nas manobras dos concorrentes, procurar obter informações com os clientes, com os fornecedores etc., para tomar decisões mais acertadamente;

c) decisão/ação: em função das informações que obtêm no dia a dia, os empresários podem desenvolver suas estratégias para manter a fidelidade dos clientes, para enfrentar a concorrência e para continuar ocupando seu lugar no mercado.

Essas etapas, ainda que sejam desenvolvidas de maneira informal, constituem um processo de planejamento. Entretanto, na medida em que o volume de negócios aumenta, os dirigentes da empresa começam a sentir a necessidade de adotar um processo de planejamento formal, sob a orientação de um profissional especializado para não "perder fôlego" diante da concorrência.

Desse modo, no contexto organizacional, pode-se conceituar planejamento como um processo formal, racional, sistêmico e flexível que visa facilitar a tomada de decisões, o alcance de objetivos e o direcionamento da organização a um futuro desejado:

a) é um processo formal porque é conscientemente elaborado, com uma distribuição de atividades de uma maneira racional e organizada;

b) é racional porque o mesmo é constituído por uma sequência de etapas, coerentemente organizadas, em função de fins visados;

c) é sistêmico porque as etapas que o constituem formam um conjunto de ações interdependentes, interativas e holísticas;

d) é flexível porque o seu desenvolvimento deve incluir a consideração de que o mesmo venha a ser objeto de uma reavaliação constante, cuja finalidade é sua adaptação às novas situações impostas pelo ambiente.

O desenvolvimento desse processo envolve uma série de atividades que são desencadeadas em toda a organização. Desde o mais alto nível hierárquico, onde está localizada a cúpula administrativa, até os níveis hierarquicamente inferiores, todos têm participação, embora de forma diferenciada.

Essa diferenciação ocorre em função do fato de as organizações apresentarem níveis distintos de responsabilidades e participação no processo decisório – o nível institucional, o intermediário e o operacional.

O **nível institucional**, também chamado de estratégico, é aquele que se localiza no ponto mais alto da hierarquia.

É nesse nível que se encontram os principais dirigentes e, consequentemente, onde são tomadas as principais decisões. Assim, essas decisões estão, geralmente, orientadas para a organização como um todo e para a discussão dos caminhos alternativos futuros que a mesma deve seguir. Dessa forma, o que se decide neste nível serve como parâmetro ou como orientação para as decisões que devem ser tomadas no nível intermediário.

O **nível intermediário**, também chamado de gerencial ou tático, é aquele que está hierarquicamente subordinado ao institucional, onde são formuladas as estratégias funcionais. Nesse segundo nível estão os gerentes de divisões ou departamentos, cujas decisões estão restritas às suas áreas específicas, não abrangendo, portanto, a organização como um todo. As decisões aqui tomadas têm como fonte aquelas que são originadas do nível institucional.

Quanto ao **nível operacional** ou técnico, é aquele hierarquicamente subordinado ao intermediário, incluindo as pessoas que têm como principal responsabilidade a execução das várias rotinas e tarefas. As decisões tomadas neste nível dizem respeito à programação das atividades básicas da organização, tais como a elaboração da folha de pagamento, o atendimento a clientes, a efetivação das vendas etc.

A Figura 2.2 ilustra estes três níveis organizacionais:

Fonte: Do Autor.

Figura 2.2 *Níveis organizacionais.*

A cada um desses níveis corresponde um tipo de planejamento, respectivamente:

a) Planejamento estratégico;
b) Planejamento tático;
c) Planejamento operacional.

O **planejamento estratégico** é genérico, isto é, abrange a organização como um todo, não abordando, portanto, detalhes específicos de cada departamento ou divisão.

Nesse nível, o planejamento é dirigido para o longo prazo, procura estabelecer um senso de direção para os caminhos alternativos futuros que a organização poderá seguir, e exige a elaboração de planos mais detalhados (táticos ou operacionais).

O **planejamento tático** abrange cada um dos departamentos ou divisões da organização, é direcionado para o médio prazo e é mais detalhado do que o planejamento institucional.

São exemplos de planos táticos: plano de marketing, plano de recursos humanos, plano financeiro etc.

O **planejamento operacional** inclui cada grupo de tarefas que necessitam ser executadas, é bastante detalhado e é direcionado para o curto prazo.

Cada plano tático que é elaborado na organização exige o desenvolvimento de vários planos operacionais, por exemplo:

O plano de marketing exige que se desenvolvam planos operacionais tais como: plano de pesquisa de mercado, plano de vendas, plano de promoções etc.

O plano de recursos humanos exige, dentre outros, os seguintes planos operacionais: plano de recrutamento e seleção de pessoal, plano de treinamento e desenvolvimento de pessoal, plano de benefícios etc.

Dessa forma, o planejamento estratégico gera a necessidade de elaboração de planos táticos e cada um destes, por sua vez, exige diversos planos operacionais, constituindo assim o *sistema de planejamento organizacional,* de acordo com o que ilustra a Figura 2.3.

A Figura 2.3 mostra que o sistema de planejamento organizacional é composto por três diferentes tipos de planejamento (estratégico, tático e operacional), cada um dos quais apresentando características específicas em termos de abrangência, prazo e detalhamento. O objetivo deste livro, entretanto, é descrever o que é e como é formulado o planejamento estratégico, que é uma dentre as metodologias através das quais pode ser desenvolvido um processo de planejamento de nível institucional.

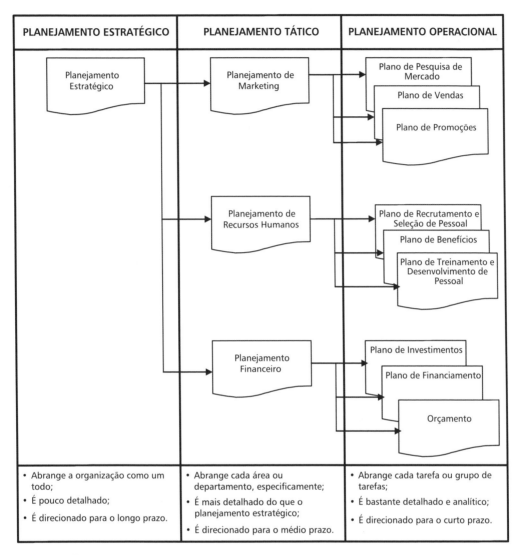

Fonte: Do Autor.

Figura 2.3 *Sistema de planejamento organizacional.*

2.4 CARACTERÍSTICAS DO PLANEJAMENTO ESTRATÉGICO

O planejamento estratégico é uma função dos principais dirigentes, pois qualquer organização atribui aos administradores de cúpula a responsabilidade de visualizar, iniciar e alcançar objetivos. Entretanto, para que o sistema de planejamento organizacional obtenha efeitos sinérgicos, torna-se necessário incluir a participação integrada dos demais níveis da organização. Além do nível institucional, no qual se realiza o planejamento estratégico, devem participar os níveis intermediário e operacional. O primeiro, através de planos táticos, que são menos genéricos e mais detalhados, aborda cada uma das unidades organizacionais, ou conjunto de recursos, separadamente. Quanto ao segundo, sua participação se dá através de planos operacionais, que são mais detalhados e analíticos, e aborda cada grupo de tarefas ou operações, isoladamente, conforme ilustra a Figura 2.3.

Entretanto, conforme destaca Steiner,[23] para que se possa entender o sistema de planejamento organizacional, é importante que se conheça as diferenças entre o planejamento estratégico e o planejamento tático. Assim, ainda que este tema já tenha sido discutido,[24] considera-se importante aprofundar um pouco mais, uma vez que nem sempre é simples fazer tal distinção.

Steiner[25] considera que, tanto conceitual como operacionalmente, as linhas de demarcação entre o planejamento estratégico e o tático se confundem. Nos extremos, as diferenças são claras, como se pode apreciar na comparação desenvolvida acima. Contudo, as distinções nem sempre se mantêm:

A estratégia origina a tática e esta pode ser considerada como uma subestratégia que, por sua vez, utiliza táticas para a sua execução. O que para um dirigente é matéria estratégica, para outro é tática, no entanto, o que é tática para um é estratégia para outro.

Desse modo, ainda que o planejamento estratégico seja uma função dos principais dirigentes da organização, e que o planejamento tático se cumpre nos níveis hierarquicamente inferiores, é possível que haja confusão entre eles. Essa confusão costuma apresentar-se, principalmente, nas grandes empresas, onde esses processos adquirem grandes proporções. Nesses casos, em um extremo estarão os planos táticos de funcionamento quase automático, enquanto que do outro se encontrarão planos táticos com características de planos estratégicos. Dessa maneira é possível afirmar que as divisões de grandes empresas incluem tanto o planejamento estratégico como o tático e que tudo depende de quem estude o caso – se a alta direção ou alguns dirigentes de menor importância em alguma divisão da empresa.

Para facilitar o entendimento a respeito deste tema, apresentam-se as principais diferenças entre o planejamento estratégico e planejamento tático citadas por Steiner:[26]

a) *nível de conduta*: o planejamento estratégico se dirige desde os níveis hierarquicamente mais elevados da administração, onde são tomadas

---

[23] STEINER, op. cit., 1994, p. 80-81.

[24] Ver páginas 13, 14 e 15 e Figura 2.3, p. 15.

[25] STEINER, op. cit., 1994, p. 83.

[26] STEINER, op. cit., 1994, p. 81-83.

as principais decisões, enquanto o planejamento tático é desenvolvido nos níveis inferiores (o planejamento tático é o desdobramento detalhado dos recursos e das ações necessárias para que se realize o que está definido no plano estratégico);

b) *regularidade*: o planejamento estratégico constitui um processo contínuo e irregular que depende de oportunidades, de novas ideias, de iniciativas empreendedoras etc. O planejamento tático se cumpre, em sua maior parte, em um determinado período, de acordo com uma programação fixa;

c) *valores subjetivos*: o planejamento estratégico representa mais os valores dos altos dirigentes do que o tático;

d) *gama de alternativas*: a gama de alternativas entre o que os altos dirigentes devem escolher é muito maior, por definição, no planejamento estratégico do que no tático;

e) *incerteza*: a incerteza, a dimensão temporal e os riscos são mais difíceis de avaliar e consideravelmente superiores no planejamento estratégico;

f) *natureza dos problemas*: os problemas do planejamento estratégico não estão estruturados e nem tendem a ser de um só tipo. No planejamento tático estes são mais estruturados e, frequentemente, são da mesma natureza;

g) *necessidades de informação*: o planejamento estratégico requer grandes doses de informação que se originam e se relacionam com áreas de conhecimentos e dados de origem externa. A maior parte desses dados são de especial relevância, referem-se ao futuro, são difíceis de se conseguir com exatidão e estão centrados quase que exclusivamente em cada problema. As necessidades de informação no planejamento tático, por contraste, descansam em dados que se originam do interior da organização, e em particular dos estados de contas, e implicam em um maior uso proporcional de informações históricas;

h) *horizontes de tempo*: o planejamento estratégico geralmente cobre um longo período de tempo, enquanto o tático é de menor duração e mais uniforme em todas as suas partes;

i) *amplitude*: o planejamento estratégico cobre, conceitualmente, todo o alcance da organização, enquanto o tático, pelo contrário, cobre uma determinada unidade organizativa responsável pela execução de partes do plano estratégico;

j) *referências*: o planejamento estratégico é original no sentido de que constitui uma fonte ou origem de todos os demais planos, enquanto o planejamento tático se realiza dentro do estratégico;

k) *detalhes*: o planejamento estratégico é, normalmente, mais amplo e menos minucioso do que o tático;

l) *tipo de pessoal primordialmente implicado*: a maior parte do planejamento estratégico se realiza unicamente na alta direção com seu *staff* correspondente. O número de pessoas envolvidas no planejamento estratégico é relativamente pequeno quando se compara com o planejamento tático, em cujo processo participa um grande número de empregados;

m) *facilidade de avaliação*: normalmente é mais fácil medir a eficácia e a efetividade dos planos táticos do que o estratégico, cujos resultados somente podem fazer-se evidentes com o passar de um certo número de anos. Os resultados do planejamento tático tornam-se evidentes em seguida e são muito mais facilmente identificados com ações específicas;

n) *desenvolvimento de objetivos, políticas e estratégias*: os objetivos, as políticas e as estratégias desenvolvidas no planejamento estratégico são novos e, geralmente, podem ser discutidos e debatidos. A experiência para estabelecer a sua correção pode ser mínima. No outro extremo, geralmente a experiência é quem guia o desenvolvimento dos planos táticos;

o) *ponto de vista*: o planejamento estratégico se realiza desde um ponto de vista institucional, enquanto o planejamento tático se cumpre, principalmente, desde um ponto de vista funcional.

Discutindo este tema, Cope[27] destaca que, independentemente de suas origens, a maioria dos conceitos de planejamento estratégico existentes atribui a este algumas características básicas:

a) é geralmente visto como uma função dos principais dirigentes;

b) tem como perspectiva a organização ou subunidade como um todo, envolvendo decisões que agilizam departamentos e funções;

c) coloca grande ênfase nas condições do ambiente, procurando combinar capacidades institucionais com as condições ambientais para atingir objetivos;

d) é um processo de aprendizagem interativo e contínuo;

---

[27] COPE, Robert G. Strategic planning, management, and decision making. **AAHE/ERIC Higher Education Research Report.** Washington: American Association for Higher Education, nº 9, 1981, p. 2-3.

e) preocupa-se mais em fazer as coisas certas do que fazer certo as coisas. Preocupa-se mais com a eficácia do que com a eficiência;

f) procura maximizar efeitos sinérgicos;

g) procura responder a pergunta: qual é a nossa missão, papel e objetivo? Isto é, em que negócio estamos e em que negócio deveríamos estar?;

h) preocupa-se com o caráter básico da organização, o cerne da sua competência especial;

i) enfatiza a mudança, a revisão, o reexame: não é estático.

Esse tema pode ser abordado através de diferentes enfoques, apresentando diversidades conceituais e/ou metodológicas. Não obstante, a finalidade deste livro é proporcionar uma visão integrada do processo de **planejamento estratégico**, o qual pode ser conceituado como sendo *uma metodologia gerencial que visa facilitar a tomada de decisões, o alcance de objetivos e o direcionamento da organização a um futuro desejado,* cuja operacionalização pode ocorrer de acordo com o que se apresenta a seguir.

2.5 A OPERACIONALIZAÇÃO DO PROCESSO DE PLANEJAMENTO ESTRATÉGICO

Como qualquer metodologia, o desenvolvimento de um processo de planejamento estratégico inclui etapas a serem seguidas. Estas, entretanto, variam muito, dependendo do autor. No entanto, ressalvando-se diferenças de estilo ou forma de apresentação, os seus passos podem ser desenvolvidos na seguinte sequência:

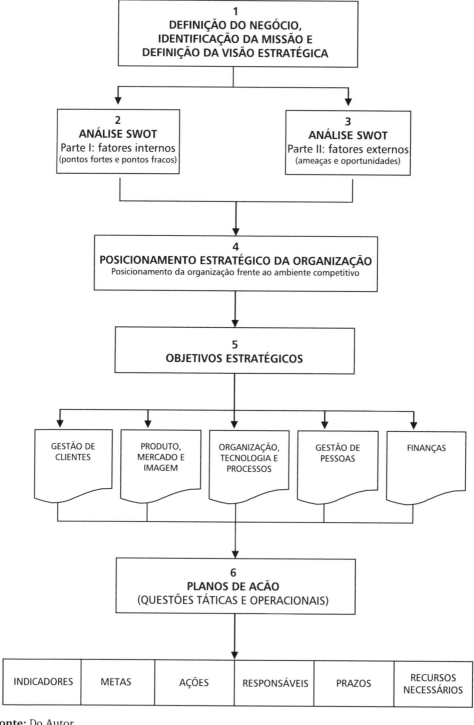

Fonte: Do Autor.

Figura 2.4 *Esquema geral do processo de planejamento estratégico.*

Definição do negócio

A definição do negócio se refere às decisões relacionadas com o setor ou setores em que a empresa atua e/ou pretende atuar, focalizando a busca de oportunidades em áreas específicas dentro deste(s) setor(es).

Identificação da missão

A missão, ou razão de ser da empresa, trata de definir quais são as expectativas e os interesses específicos que a empresa se propõe a satisfazer.

Definição da visão estratégica

A visão estratégica refere-se à definição de uma situação futura desejada a longo prazo que se caracterize como uma meta ambiciosa e que possa servir como guia tanto para a definição de objetivos como para a realização da missão institucional.

Análise SWOT Parte I: fatores internos

Essa primeira etapa da análise SWOT trata de diagnosticar o potencial de recursos e das capacidades da organização, identificando os pontos fortes (facilitadores), e os pontos fracos (inibidores) de sua habilidade para atender às suas finalidades. Assim, a principal finalidade da análise interna é identificar as possíveis fontes de diferenciação e de vantagens competitivas que a empresa possa explorar.

Análise SWOT Parte II: fatores externos

Essa etapa consiste no desenvolvimento de uma sistemática de análise do ambiente externo, pretendendo identificar as ameaças e as oportunidades incidentes no relacionamento organização/condições ambientais.

Posicionamento estratégico da organização

Trata de identificar o posicionamento da organização frente ao contexto ambiental analisado com a finalidade de desenvolver a estratégia competitiva da empresa e facilitar o desencadeamento das ações que devem ser empregadas e da utilização dos recursos necessários para que se torne possível o alcance dos objetivos pretendidos.

Objetivos estratégicos

Os objetivos estratégicos se referem à definição da situação futura desejada em longo prazo, em direção da qual devem ser empregados os recursos organizacionais com a finalidade de cumprir sua missão.

Planos de ação

Os planos de ação tratam de detalhar o processo de planejamento estratégico através do seu desdobramento em atividades de natureza tática e operacional. Desse modo, estes procuram traduzir e moldar as decisões estratégicas em planos concretos, capazes de serem entendidos e executados dentro de uma linguagem mais detalhada e específica. Designadamente, cada um dos objetivos estratégicos anteriormente definidos deverá ser desdobrado em um plano de ação que deverá incluir: (1) os indicadores para a definição de metas, (2) as metas de curto, médio e longo prazos, (3) as estratégias de ação necessárias para que cada uma destas possa ser atingida, (4) o responsável pelo desencadeamento de cada uma das ações necessárias (5) a determinação do prazo para o cumprimento de cada uma das ações, (6) os recursos financeiros necessários ao desenvolvimento de cada ação.

Nos próximos capítulos, cada uma dessas etapas será objeto de um estudo mais detalhado.

3
Negócio, Missão e Visão Estratégica

O sucesso ou fracasso de qualquer organização sempre dependerá da sua capacidade de satisfazer necessidades. Portanto, nessa etapa inicial do processo de planejamento estratégico, as primeiras ações desencadeadas deverão tratar de definir o negócio, a missão e a visão estratégica.

O **negócio** se refere às decisões relacionadas com o setor em que a empresa atua e/ou pretende atuar; a **missão** (ou propósito fundamental) diz respeito às expectativas e aos interesses específicos que a empresa se propõe a satisfazer; a **visão estratégica** se refere às aspirações dos principais dirigentes em relação ao futuro de longo prazo da empresa.

3.1 DEFINIÇÃO DO NEGÓCIO

A definição do **negócio** se refere às decisões relacionadas com o setor em que a empresa atua e/ou pretende atuar, focalizando a busca de oportunidades em uma área específica dentro do mesmo. Por exemplo, o setor eletrônico, devido a sua amplitude, oferece oportunidades em diferentes negócios através de diversos benefícios que podem ser oferecidos ao mercado, tais como *segurança, automação de escritório, lazer* e *entretenimento* etc.

É muito importante que a alta administração faça a pergunta: "qual é o nosso negócio?", assegurando-se que ela seja cuidadosamente respondida. Para

Drucker,[1] "o fato dessa pergunta ser feita tão raramente – ao menos de forma clara e direta – e de tão raramente receber a atenção adequada é, talvez, a principal causa de fracassos empresariais".

O desenvolvimento desta etapa do processo de planejamento estratégico exige um esforço maior do que simplesmente oferecer produtos e/ou serviços a um determinado mercado, uma vez que uma correta definição do negócio é que irá mostrar os caminhos que a empresa deverá seguir. Isto é, seus dirigentes deverão ter a habilidade para:

a) delimitar um espaço dentro do setor onde a empresa atua com a finalidade de identificar oportunidades de mercado;

b) identificar os tipos de necessidades e/ou desejos que a empresa tem habilidade para satisfazer de forma diferenciada;

c) saber quais são os benefícios que os clientes e/ou usuários esperam obter ao adquirir nossos produtos e/ou serviços;

d) certificar-se de que estará não apenas correspondendo, mas superando as expectativas de seus clientes e/ou usuários;[2] e

e) expressar formalmente uma missão que facilite a definição e o alcance dos objetivos pretendidos.

Para ilustrar a forma através da qual uma organização pode expressar o seu entendimento dessas habilidades, apresenta-se o exemplo da *Aida Engineering*, a qual, segundo seu presidente, existe para fazer algo muito além de produzir máquinas:[3]

> "Nossa empresa começou fabricando máquinas, mas nós nunca consideramos as máquinas como simples coisas de metal, senão como ferramentas que as empresas podem utilizar para produzir com eficiência. Escolhemos o nome *Aida Engineering* para fazer ressaltar o fato de que oferecemos o *software* necessário para que os objetos de metal funcionem com perfeição para nossos clientes. Daí obtemos nossos resultados. A engenharia implica que possuímos as ferramentas necessárias para solucionar problemas. Os clientes não nos procuram para comprar uma nova máquina, a não ser que tenham um problema que não podem resolver com a máquina atual. Pode

---

[1]   DRUCKER, Peter F. **Prática da administração de empresas**. São Paulo: Pioneira, 1981, p. 48.

[2]   Considera-se **cliente** o indivíduo que compra e paga por um determinado produto e/ou serviço, e **usuário** aquele que efetivamente irá utilizar tal produto e/ou serviço. No caso da fralda descartável, por exemplo, o cliente e o usuário geralmente são pessoas diferentes.

[3]   Exemplo apresentado por ITAMI, Hiroyuki. Los activos invisibles. In: CAMPBELL, Andrew; LUCHS, Kathlenn Sommers. **Sinergia estratégica**. Bilbao: Deusto, 1994, p. 51.

ser que este cliente deseje encontrar a maneira de melhorar a qualidade do produto, ou fabricar séries pequenas de uma grande variedade de produtos em linha automática. Sabem muito bem o que querem que suas máquinas façam. Nos oferecemos a solução mediante nossa gama."

O exemplo anterior mostra que a *Aida Engineering* tem muito claro que seus clientes não a procuram para comprar máquinas, e sim para obter benefícios tais como a melhoria da eficiência da produção, a solução de problemas, a melhoria da qualidade dos produtos, a diversificação da produção etc. Esta visão voltada para os benefícios, e não para o produto, tem sido um dos fatores-chave para que a empresa possa manter sua posição competitiva.

Discutindo sobre esse tema, Pagnoncelli e Vasconcellos Filho[4] comentam que o negócio deve ser definido tendo-se em vista os benefícios (visão estratégica) e não os produtos ou serviços (visão míope), tal como ilustra o Quadro 3.1:

Quadro 3.1 *Definição do negócio: visão míope e visão estratégica*

EMPRESA	NEGÓCIO	
	Visão míope (produtos ou serviços)	Visão estratégica (benefícios)
Avon	Cosméticos	Beleza
Xerox	Copiadoras	Automação de escritório
IBM	Computadores	Informação
Estrela	Brinquedos	Alegria
Localiza	Aluguel de carros	Soluções em transporte
Arisco	Tempero	Alimentos
Randon	Veículos e implementos	Soluções para o transporte
Atlas	Elevadores	Transporte
Exxon (Esso)	Combustível	Energia
Abril	Livros e revistas	Informação, cultura e entretenimento

Fonte: Adaptado de Pagnoncelli e Vasconcellos Filho.[5]

---

[4] PAGNONCELLI, Dernizo; VASCONCELLOS FILHO, Paulo de. **Sucesso empresarial planejado**. Rio de Janeiro: Qualitymark, 1992, p. 82.

[5] Op. cit., 1992, p. 82.

26 Planejamento Estratégico • Andrade

A definição do negócio, de acordo com Thompson e Strickland,[6] pode ser feita de forma mais ampla ou mais restrita. As empresas diversificadas geralmente têm definido o seu negócio de uma forma mais abrangente do que as que operam em um único negócio. Por exemplo, "o serviço postal americano opera com uma definição ampla, prestando serviços de correios em escala global para todos os tipos de usuários. Entretanto, a Federal Express opera com uma definição restrita de negócio, baseada na entrega de encomendas durante a noite para clientes que estejam em situação de emergência e com prazos apertados".[7] O Quadro 3.2, a seguir, apresentas alguns exemplos de negócio definidos em um campo amplo-restrito:

Quadro 3.2 *Definição do negócio amplo-restrito*

Definição Ampla	Definição Restrita
Correio global	Serviço de entregas noturnas
Bebidas	Refrigerantes
Calçados	Calçados atléticos
Equipamentos	Equipamentos de jardinagem
Educação	Educação profissional

Fonte: Adaptado de Thompson Jr. e Strickland III.[8]

Comentando sobre a importância de uma correta definição do negócio para as empresas, Vasconcellos Filho e Pagnoncelli[9] citam o exemplo da empresa Minas Brasil Seguros, que durante o seu processo de planejamento estratégico descobriu que não estava no negócio de seguros, mas, sim, no de tranquilidade. "O cliente de uma empresa de seguros não compra a apólice, mas o benefício da tranquilidade que o seu seguro garante."

Comentam os citados autores que, "a partir desta descoberta a Minas Brasil passou a utilizar marketing e propaganda, divulgando o seu negócio através do *slogan nosso compromisso é com a sua tranquilidade*". Assim, é comum uma empresa utilizar o seu negócio como *slogan*, tal como ilustra o Quadro 3.3:

---

[6] THOMPSON JR.; STRICKLAND III, op. cit., 2004, p. 39-41.

[7] THOMPSON JR.; STRICKLAND III, op. cit., 2004, p. 40.

[8] Op. cit., 2004, p. 40.

[9] VASCONCELLOS FILHO, Paulo de; PAGNONCELLI, Dernizo. **Construindo estratégias para vencer:** um método prático, objetivo e testado para o sucesso da sua empresa. Rio de Janeiro: Campus, 2001, p. 45.

Quadro 3.3 *Exemplos de utilização do negócio como* slogan

Empresa	Slogan
Randon	Soluções para o transporte
Líder Táxi Aéreo	Soluções personalizadas em aviação
Marcopolo	Soluções e serviços para o transporte
Fiat Iveco	Soluções novas para o transporte
Elevadores Sur	Soluções em movimento
Micheletto	Soluções em fixação
Josapar (Arroz Tio João)	Soluções em alimentação

Fonte: Adaptado de Vasconcellos Filho e Pagnoncelli.[10]

3.2 IDENTIFICAÇÃO DA MISSÃO

A missão, também chamada de razão de ser, ou de propósito fundamental, expressa o verdadeiro motivo pelo qual uma organização existe. Assim, para que a mesma possa vir a ser declarada, além da necessidade de ter definido o seu negócio, ou negócios, a empresa deve identificar os sujeitos (clientes e/ou usuários) para os quais os benefícios oferecidos devem ser dirigidos.

A expressão da missão, segundo Hill e Jones,[11] é o indicador-chave de como uma organização visualiza as exigências de seus principais grupos de interesse (acionistas, dirigentes, clientes etc.), e que serve de base para a definição de seus objetivos.

A declaração da missão, segundo Kluyver e Pearce II[12] documenta o propósito da existência de uma empresa, definindo explicitamente as suas responsabilidades para com seus funcionários, comunidade e acionistas.

Na área empresarial a exposição da missão é motivada, principalmente, pela definição do negócio em termos de proporcionar benefícios aos clientes com a finalidade de satisfazer suas necessidades e/ou desejos. Assim, a missão constitui um importante elemento para a orientação sobre as decisões relacionadas ao desenvolvimento do composto de produtos e/ou serviços necessários para o cumprimento de tal finalidade.

---

[10] Op. cit., 2001, p. 45.

[11] HILL; JONES, op. cit., 1996, p. 36.

[12] KLUYVER, Cornelis A. de; PEARCE II. **Estratégia:** uma visão executiva. São Paulo: Pearson/ Prentice Hall, 2006, p. 9-10.

Apesar da aparente facilidade, essa etapa exige mais esforço do que simplesmente escolher um mercado e oferecer produtos e/ou serviços – uma empresa não existe para "oferecer coisas", e sim para satisfazer necessidades.

Discutindo esse tema, Kotler[13] ressalta que a missão deve ser definida em termos de satisfazer alguma necessidade do ambiente externo, não devendo ser colocada sob a forma de oferecer algum produto. Por exemplo, o propósito de uma empresa não é produzir telefones, mas sim oferecer um meio de comunicação rápido e eficiente (o telefone é apenas um instrumento que serve a este propósito). Assim, para que seja possível definir a missão, ou a "razão de ser" da organização, é necessário, inicialmente, responder algumas perguntas, tais como:[14]

Qual é o nosso negócio?

Quem é o nosso cliente?

O que ele realmente quer quando nos procura? (isto é, quais são as necessidades ou desejos que ele procura satisfazer quando adquire o nosso produto ou serviço?).

A resposta à questão sobre **qual é o nosso negócio**, conforme se discutiu anteriormente, deve ser formulada tendo-se em vista os benefícios que os clientes e/ou usuários esperam obter ao adquirir nosso produto e/ou serviço, por exemplo, um mesmo livro pode ser visto como um instrumento de apoio profissional por uma pessoa, enquanto para outra significa algumas horas de prazer. Uma bicicleta pode ser adquirida com a finalidade de ser utilizada como meio de transporte, enquanto que para um outro indivíduo esta é vista como um equipamento que pode ser utilizado para a prática de um esporte, outro pode estar adquirindo um instrumento de prazer etc.

Quanto à questão sobre **quem é o nosso cliente**, recomenda-se que se utilizem as técnicas de segmentação de mercado[15] para facilitar o desenvolvimento de um perfil do consumidor. Dessa forma, poder-se-á mais facilmente identificar o público que mais interessa à empresa, e a quem estarão orientados nossos esforços.

Além disso, considera-se importante ressaltar também que, para responder a esta questão, muitas vezes é necessário ter uma visão mais ampla sobre quem realmente é o cliente e/ou usuário. Por exemplo, uma empresa de confecções pode considerar que os lojistas sejam seus clientes. Entretanto, neste caso, é necessário

---

[13] KOTLER, Philip. **Marketing**: edição compacta. São Paulo: Atlas, 1991, p. 83.

[14] Estas questões foram adaptadas de DRUCKER, op. cit., 1981, p. 47-58.

[15] Sobre segmentação de mercado, ver Capítulo 13: Instrumentos de apoio ao planejamento estratégico.

levar em conta, também, que o consumidor final é a pessoa a quem a confecção (fábrica) pretende satisfazer, tal como ilustra a Figura 3.1:

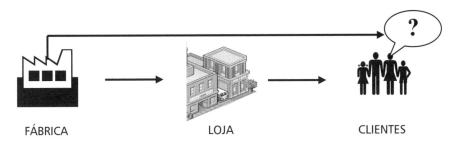

FÁBRICA LOJA CLIENTES

Fonte: Do Autor.

Figura 3.1 *Identificação do cliente.*

A Figura 3.1 mostra que, para definir sua missão, a fábrica deve considerar não apenas a loja (*cliente imediato*) para responder a questão sobre quem é o nosso cliente, mas sim as pessoas (*consumidores finais*) cujas necessidades e desejos a empresa pretende satisfazer.

Para responder a questão sobre *o que ele realmente quer quando nos procura*, deve ser levado em conta que uma empresa existe para oferecer benefícios a determinadas pessoas. Assim, torna-se necessário identificar com uma maior especificidade o(s) benefício(s) esperado(s) pelo consumidor. O Quadro 3.4 trata de ilustrar a resposta a essas questões:

Quadro 3.4 *Questões para se definir a missão da empresa*

Setor em que a empresa atua	Têxtil.
Qual é o nosso negócio? (benefício oferecido)	Vestuário.
Quem é o nosso cliente?	Pessoas adultas, de ambos os sexos, com elevado nível de renda e acostumadas a frequentar ambientes de alto luxo.
O que eles realmente querem quando nos procuram?	Uma aparência elegante e sofisticada.
Missão da empresa	Vestir as pessoas de forma elegante e sofisticada.

Fonte: Do Autor.

Considera-se importante destacar que, uma vez tendo a sua missão definida, a empresa deverá tratar de desenvolver produtos e/ou serviços que se caracterizem como instrumentos capazes de satisfazer as necessidades e/ou desejos identificados. Ao mesmo tempo deve-se, também, considerar que, mesmo mantendo sua missão atual, poderá ser necessário abandonar e/ou inovar determinados produtos ou serviços, ou desenvolver novos para cumprir a mesma finalidade. Por exemplo, uma empresa cuja missão é "proporcionar elegância ao homem" poderia, três ou quatro décadas passadas, cumprir este propósito oferecendo chapéus. Atualmente, para cumprir essa mesma missão, é necessário oferecer outros produtos.

À guisa de contribuição, incluem-se, a seguir, alguns exemplos de missão:

Uma determinada empresa que atua na área da construção civil definiu o seu negócio como sendo *soluções em moradia* e identificou os seus clientes como sendo pessoas predominantemente jovens e que procuram um lugar para morar, que seja "prático", "funcional", agradável e não muito caro. Assim, a sua missão foi definida como:

> "Proporcionar às pessoas jovens um *habitat* adequado às novas formas de vida."[16]

Nessa mesma linha de raciocínio, um fabricante de fogões poderia definir a sua missão como sendo a de *facilitar a vida das pessoas que necessitam cozinhar.*[17] Para chegar a esta missão, entretanto, a organização deve considerar que as pessoas não compram fogões, e sim um instrumento que possa satisfazer as suas necessidades de cozinhar. Se hoje é o fogão a gás que se caracteriza como o principal instrumento para isto, amanhã poderá ser um outro, tal como os fogões elétricos em vitrocerâmica.

A EPISE (Enseñanza Programada e Ingeniería de Sistemas Educacionales) é uma empresa com sede em Barcelona (Espanha) que se dedica à formação e ao desenvolvimento de recursos humanos através do oferecimento de cursos a distância. Considerando que o seu negócio é potencializar os métodos de autoinstruções como ferramentas de aprendizagem, a EPISE definiu a seguinte missão:

> "Oferecer a nossos clientes soluções formativas e estratégias de desenvolvimento de recursos humanos de alta qualidade, orientadas a um melhor rendimento das organizações."[18]

Outros exemplos de missão:

---

[16] IZQUIERDO, Francisco J. Palom; RAVENTOS, Lluis Tort. **Management en organizaciones al servicio del progreso humano**. Madrid: ESPASAS-CALPE, 1991, p. 101.

[17] Exemplo adaptado de Drucker, op. cit., 1981, p. 51-52.

[18] EPISE, **Barcelona**. Disponível em: <http://www.epise.es>. Acesso em: 25 jul. 2005.

A Escola Nacional de Administração Pública da Universidade de Quebec, no Canadá, definiu a seguinte missão:

"Formar e aperfeiçoar administradores da Função Pública, assim como fazer avançar os conhecimentos no domínio da Administração Pública."[19]

A Cooperativa de Economia e Crédito Mútuo dos Servidores Públicos do Vale do Itajaí (BLUCREDI) definiu a seguinte missão:

"Promover a melhoria da qualidade de vida dos associados, por meio da cooperação financeira e de serviços, contribuindo para o desenvolvimento econômico e social da comunidade."

A Wheb Sistemas, empresa nacional especializada no desenvolvimento de tecnologias e sistemas de gestão focada no segmento da saúde, definiu a seguinte missão:

"Oferecer soluções integradas em gestão de processos e de informações às organizações de saúde."

O Poder Judiciário do Estado de Santa Catarina definiu a seguinte missão:

"Humanizar a Justiça, assegurando que todos lhe tenham acesso, garantindo a efetivação dos direitos e da cidadania, com eficiência na prestação jurisdicional."

Com a finalidade de facilitar a definição da missão, Izquierdo e Raventos[20] propõem que se observem os seguintes requisitos:

A missão deve estar orientada para o exterior da organização, rumo às necessidades da sociedade em geral, e rumo às necessidades dos indivíduos os quais se deseja servir (no interior de uma organização só há custos, trabalho, esforço, recursos investidos e muito boas intenções, mas os resultados – os êxitos – estão sempre no exterior). Mais ainda, o importante não é o que se oferece ou vende, senão o serviço que se presta. Assim, para um construtor, a sua missão não é construir e vender casas e apartamentos, mas sim oferecer um *habitat* digno de seus concidadãos.

Deve estar orientada para o futuro em longo prazo, e não para o curto prazo, e muito menos para o passado. Não se pretende rememorar o passado ou desempoeirar a tradição, nem mergulhar na história. Deve-se fazer um esforço para

---

[19] ARGUIN, Gerárd. **La planificación estratégica en la universidad**. Québec: Prensas de la Universidad de Québec, 1986, p. 103.

[20] Adaptado de IZQUIERDO e RAVENTOS, op. cit., 1991, p. 99-101.

antecipar hoje os impactos futuros das grandes decisões de amanhã. Não apenas devemos nos esforçar em responder às mudanças, senão devemos ser capazes de promovê-las. Devemos praticar a inovação social.

Deve ter credibilidade, tanto para os que compõem a organização como para os que recebem os seus serviços. Todos quantos trabalham na organização devem conhecer a missão, compreendê-la, vivê-la e sentir-se atraídos e comprometidos pessoalmente com o seu êxito durante muito tempo. Do mesmo modo, os beneficiados pelos produtos ou serviços da organização devem perceber, dia a dia, que o que se proclamou e se oferece é autêntico.

Deve ser simples, clara e direta. As missões excessivamente longas e pomposas, cheias de grandes ideias, propósitos charmosos e belas palavras, podem não funcionar. Servem apenas para serem emolduradas e penduradas na parede. As missões mais eficazes são as mais breves.

Deve conter um alto grau de originalidade. A contribuição de uma organização não pode ser a mesma que de outra, nem estar demasiadamente parecida. É necessário fazer algo diferente, melhor, que distinga a organização e que lhe proporcione orgulho e reconhecimento por parte da comunidade a que serve.

Deve ser única. Tentar cumprir várias missões ao mesmo tempo é impossível. A eficácia requer concentração em uma tarefa específica, mas que ao mesmo tempo seja o suficiente ampla para que possa desdobrar-se em vários objetivos concretos que conduzam ao cumprimento da missão geral.

Deve ter um certo conteúdo intangível, utópico, ambicioso e idealista, mas sem deixar de ser operativa. A missão sempre deve estar relacionada com ações e resultados práticos, específicos e que possam ser alcançados.

Deve ser revisada constantemente (pelo menos a cada três ou cinco anos) e, caso seja necessário, deve ser atualizada ou redefinida. Uma prática essencial – e muito difícil de levar a cabo – é organizar o abandono de todas aquelas atividades, serviços, objetivos etc. que já foram alcançados e que já não são produtivos.

3.3 VISÃO ESTRATÉGICA

A visão estratégica se refere à definição de uma situação futura desejada em longo prazo que se caracterize como uma meta ambiciosa, e que possa servir como guia tanto para a definição de objetivos como para a realização da missão institucional.

Neste sentido, Kluyver e Pearce II[21] afirmam que:

"Uma declaração de visão representa os objetivos de longo prazo da alta administração para a organização – uma descrição da posição competitiva que se deseja alcançar ao longo de certo período de tempo e de quais competências essenciais devem ser adquiridas para se chegar lá. [...] uma boa visão proporciona tanto orientação estratégica como foco motivacional.

Uma declaração de visão eficaz atende a três critérios: (1) deve ser clara, mas não tão limitada a ponto de restringir a iniciativa; (2) deve ser desejável, no sentido de atender aos interesses legítimos e aos valores de todos os *stakeholders*; e (3) deve ser factível, ou seja, implementável."

De acordo com Costa,[22] a visão estratégica "consiste em desenvolver a capacidade de olhar, criticamente, o presente a partir do futuro e não o futuro com os olhos no presente". Assim, para definir a visão estratégica, é necessário transportar-se mentalmente para o futuro desejável, considerado o possível. Costa[23] argumenta também que a visão estratégica não é um mero sonho ou utopia, e sim um estado ou situação altamente desejável, de uma realidade futura possível.

Comentando a respeito desse tema, Vasconcellos Filho e Pagnoncelli[24] afirmam que "diante do desafio de planejar em ambientes cada vez mais complexos e competitivos, a visão passou a ter importância fundamental na construção do futuro de pessoas, organizações, cidades e países". No que se refere ao desenvolvimento de processos de planejamento estratégico, Vasconcellos Filho e Pagnoncelli argumentam que a explicitação da visão traz uma série de benefícios, tais como: apoia a parceria empresa/empregado na construção do futuro; promove a inovação; motiva e inspira a equipe; complementa a missão; orienta os objetivos etc.

Discutindo a respeito desse tema, Kaplan e Norton[25] afirmam que, enquanto a missão fornece o ponto de partida da organização, ao definir por que ela existe, a visão estratégica pinta um quadro futuro que ilumina a trajetória da organização e ajuda os indivíduos a compreender por que e como devem apoiar a organização.

Comentam também estes autores que:

"a visão deve representar a percepção externa, ser orientada para o mercado e deve expressar, geralmente em termos motivadores ou 'visionários',

---

21   KLUYVER; PEARCE, op. cit., 2006, p. 9-10.

22   COSTA, Elizier Arantes. **Gestão estratégica**. São Paulo: Saraiva, 2002, p. 13.

23   COSTA, op. cit., 2002, p. 13; 35-36.

24   VASCONCELLOS FILHO; PAGNONCELLI, op. cit., 2001, p. 217-228.

25   KAPLAN, Robert S.; NORTON, David P. **Mapas estratégicos:** convertendo ativos intangíveis em resultados tangíveis. Rio de Janeiro: Elsevier, 2004, p. 34-37.

como a organização quer ser percebida pelo mundo. [...] as declarações da missão e visão definem as metas gerais e a trajetória da organização. Também ajudam os acionistas, clientes e empregados a compreender a razão de ser da empresa e o que pretende alcançar".[26]

Para facilitar o entendimento desse conceito, apresentam-se, a seguir, alguns exemplos de visão estratégica:

A Philip Morris Companies, Inc. definiu a seguinte visão estratégica:

"Ser a companhia mais bem-sucedida do mundo em gerar produtos empacotados para o consumidor."[27]

Um determinado supermercado definiu a seguinte visão estratégica:

"Ser a empresa líder regional no varejo de alimentos e produtos para o lar."

A British Airways definiu a seguinte visão estratégica:

"Ser a empresa melhor e a de maior porte no setor de linhas aéreas."[28]

A EPISE definiu a seguinte visão estratégica:

"Ter uma posição de liderança no âmbito da formação e desenvolvimento de recursos humanos, baseada na satisfação de nossos clientes, na orientação às pessoas, à inovação de nossas soluções e na rentabilidade do negócio."

A BLUCREDI definiu sua visão estratégica como sendo:

"Ser reconhecida pela comunidade como a melhor opção de produtos e serviços financeiros."

A Wheb Sistemas tem como visão estratégica:

"Ser a empresa líder no mercado brasileiro de gestão em saúde."

O Poder judiciário do Estado de Santa Catarina definiu a seguinte visão estratégica:

"Caracterizar-se como um Judiciário mais eficiente, reconhecido e respeitado pela Sociedade."

---

[26] KAPLAN; NORTON, op. cit., 2004, p. 37.

[27] HILL; JONES, op. cit., 1996, p. 40.

[28] JOHNSON, Gerry; SCHOLES, Kevan. **Dirección estratégica**: análisis de la estrategia de las organizaciones. Madrid: Prentice Hall, 1996, p. 12.

Como último exemplo, apresenta-se o negócio, a missão e a visão estratégica do SENAI/SC:

Negócio:	"Desenvolver competências por meio da Educação Profissional e Serviços Técnicos e Tecnológicos para o setor industrial."
Missão:	"Elevar a competitividade do setor industrial, desenvolvendo competências por meio da Educação Profissional e Serviços Técnicos e Tecnológicos, comprometidos com a inovação e o crescimento sustentável do país."
Visão estratégica:	"Ser a primeira opção no desenvolvimento de competências para o setor industrial catarinense, reconhecido pela sociedade."

Finalmente, considera-se importante destacar que é comum encontrar declarações de missão e/ou visão estratégica de forma incorreta, apresentando falhas tais como:

a) **Fazer confusão entre missão e visão, por exemplo:**

Nossa missão é ser a maior empresa do setor metal mecânico da América Latina.

A nossa empresa tem como missão ser referência nacional em serviços de transporte.

Nossa missão é fazer com que a empresa seja reconhecida pela excelência na prestação de serviços.

b) **Definir a missão de uma forma muito ampla, e vaga, de forma que serviria para qualquer empresa, de qualquer setor, e sem identificar qualquer tipo de benefício ou necessidade que pretende satisfazer, por exemplo:**

Nossa missão é oferecer produtos e serviços de alta qualidade a preço competitivo.

Nossa missão é garantir o retorno sobre o capital investido, remunerando adequadamente aos acionistas.

Nossa missão é fazer com que os clientes sintam-se satisfeitos e os colaboradores motivados.

c) **Definir a missão de uma forma muito longa e vaga, dificultando o seu entendimento, por exemplo:**

Nossa missão é buscar a liderança no mercado através do oferecimento de produtos de alta qualidade, demonstrando entusiasmo ao atender o cliente, baseados em princípios de honestidade e eficiência, respeitando a dignidade dos colaboradores e estimulando seu aperfeiçoamento contínuo de forma que a empresa apresente um alto grau de desenvolvimento, com um retorno sempre acima da média dos concorrentes, colaborando com o desenvolvimento econômico e social do país.

4

Análise SWOT – Parte I: Fatores Internos

Praticamente toda literatura que trata do tema estratégia põe ênfase na preocupação com a constante adaptação da empresa às exigências do ambiente externo. Assim, ainda que a análise externa seja um dos principais "elementos-chave" para a obtenção das informações necessárias para se definir o "curso de ação" que possa conduzir a organização ao alcance dos resultados desejados, a análise das condições internas da empresa também figura como um importante fator determinante do sucesso ou fracasso empresarial.

Para adaptar-se às condições do entorno, o estoque de recursos, a habilidade dos empregados, a estrutura da empresa, a cultura e o clima organizacional, além de outros fatores internos, é que irão determinar as suas possibilidades de adaptação e, consequentemente, o êxito de suas estratégias.

Dessa maneira, antes que a organização possa levar a cabo as ações necessárias para lograr seus objetivos, ela necessita verificar se dispõe das condições necessárias para este fim. Qualquer empresa deve somente formular e, principalmente, implementar estratégias que seja capaz de sustentar. Com esse propósito, esta parte inicial da análise SWOT aborda os fatores internos da organização com a finalidade de identificar os seus principais pontos fortes e pontos fracos (*strengths* e *weaknesses*).

Sobre este tema, Thompson Jr. e Strickland III[1] comentam que:

---

[1] THOMPSON JR.; STRICKLAND III, op. cit., 2004, p. 125.

"Um ponto forte é algo que a empresa faz bem ou uma característica que lhe proporciona uma capacidade importante. Um ponto forte pode ser uma habilidade, uma perícia importante, um recurso organizacional ou capacidade competitiva valiosa ou um empreendimento que coloca a empresa numa posição de vantagem no mercado (tal como ter um produto melhor, nome mais forte, tecnologia superior ou melhor serviço ao cliente). Um ponto forte pode resultar também de alianças ou de investimentos com parceiros detentores de habilidades ou perícia que melhorem a competitividade da empresa."

Portanto, os pontos fortes se referem aos aspectos e/ou fatores positivos (internos) da empresa que atuam como facilitadores de sua capacidade para atender às suas finalidades. Tais fatores, geralmente, põem a empresa em uma situação privilegiada, quando comparada com a concorrência, uma vez que os mesmos podem ser utilizados como fonte de diferenciação e de vantagem competitiva.

Assim, os fatores positivos identificados na empresa e que são comuns à concorrência devem ser considerados como *pontos neutros*,[2] e não pontos fortes, uma vez que não podem ser utilizados como fonte de diferenciação e vantagem competitiva.

É importante destacar também que ocorrem casos em que a empresa identifica um *falso ponto forte*, tal como exemplifica Porter:[3]

"Durante 18 anos foram coletados dados em Harvard sobre um grande número de empresas norte-americanas, a fim de se avaliar sua rentabilidade a longo prazo. [...] por exemplo, a Eli Lilly, empresa farmacêutica muito conhecida, e a Arnold Industries, uma empresa de transportes. [...] As duas conseguiram um retorno sobre o capital superior a 20%, depois do pagamento dos impostos. Trata-se, portanto, de firmas com um histórico excelente, visto que as empresas da faixa média da economia nos Estados Unidos não conseguem, em condições semelhantes, um retorno superior a 12,5%.

Entretanto, quando se compara essa rentabilidade com a rentabilidade média do respectivo setor de atividade, verifica-se que o desempenho da empresa farmacêutica não foi positivo. Em seu setor, a rentabilidade média chega a quase 28%; nesse caso fica evidente que a posição estratégica da Eli Lilly não é aceitável de maneira alguma e ela apenas teve uma aparência de bom resultado. Em compensação, quando se analisa o setor de fretes, sua

---

[2]   Um ponto neutro é qualquer fator positivo (interno) da empresa que não apresenta possibilidades de ser utilizado como fonte de diferenciação e vantagem competitiva, isto é, se tal fator não existir, é ruim para a empresa, mas a sua existência não traz qualquer vantagem sobre a concorrência.

[3]   PORTER, Michael. A nova era da estratégia. In: PORTER, Michael et al. **Estratégia e planejamento**. São Paulo: Publifolha, 2002, p. 23 (Coletânea HSM Management.)

rentabilidade média não vai além de 11%, o que nos leva a concluir que a Arnold Industries adotou uma estratégia impressionante e desenvolveu uma atividade competitiva muito clara, que lhe conferiu uma vantagem importante em relação aos concorrentes."

Este exemplo ilustra muito bem o fato de que identificar algum fator positivo não representa, necessariamente, um ponto forte da empresa. É necessário levar em conta tanto o desempenho dos concorrentes como a possibilidade de utilizar tal fator como fonte de diferenciação e vantagem competitiva.[4]

Quanto aos pontos fracos, Thompson Jr. e Strickland III[5] comentam:

"Um ponto fraco é algo que a empresa não tem ou não faz muito bem (em comparação com as outras) ou uma condição que coloca a empresa em desvantagem. Um ponto fraco não torna necessariamente uma empresa vulnerável competitivamente, dependendo de quanto ele pese no mercado."

Dessa forma, os pontos fracos se referem aos aspectos e/ou fatores negativos que atuam como inibidores da capacidade para atender às finalidades da empresa. Nesse caso, a empresa encontra-se em uma situação desfavorável, quando comparada com a concorrência.

O Quadro 4.1 apresenta alguns indicadores potenciais que devem ser observados para se avaliar os pontos fortes e fracos da empresa.

---

[4] Como já foi citado, quando um fator positivo apresentado pela empresa é comum aos concorrentes, deve ser considerado como sendo um *ponto neutro,* e quando, mesmo sendo positivo, representa um desempenho inferior à média do setor, tal como no exemplo de Porter, deve ser considerado como sendo *ponto fraco.*

[5] THOMPSON JR.; STRICKLAND III, op. cit., 2004, p. 125.

40 Planejamento Estratégico • Andrade

Quadro 4.1 *Indicadores potenciais de pontos fortes e pontos fracos*

Indicadores Potenciais de Pontos Fortes	Indicadores Potenciais de Pontos Fracos
• competência básica em área-chave; • recursos financeiros adequados; • bem vista pelos compradores; • líder de mercado reconhecida; • acesso às economias de escala; • isolada (pelo menos um pouco) contra fortes pressões competitivas; • tecnologia patenteada; • vantagens de custo; • melhores campanhas de propaganda; • habilidade de inovação dos produtos; • habilidade gerencial comprovada; • vanguarda na curva de experiência; • melhor capacidade de fabricação; • habilidades tecnológicas superiores; • outros?	• falta de rumo estratégico claro; • instalações obsoletas; • lucratividade abaixo da média porque ...; • falta de profundidade e talento gerenciais; • ausência de algumas habilidades-chave e de competência; • pouca experiência na implementação de estratégias; • existência de problemas operacionais internos; • atrasada em termos de planejamento e desenvolvimento; • linha de produtos muito estreita; • rede de distribuição fraca; • habilidades de comercialização abaixo da média; • incapacidade de financiamento das mudanças necessárias na estratégia; • custos unitários gerais altos em relação aos concorrentes; • outros?

Fonte: Adaptado de THOMPSON JR. e STRICKLAND III.[6]

O Quadro 4.1 visa facilitar a realização da análise interna, apresentando os indicadores potenciais de pontos fortes e pontos fracos que geralmente são encontrados nas empresas. Por exemplo, é comum que as pequenas empresas, quando comparadas às grandes, apresentem pontos fracos relacionados a fatores tais como excessiva informalidade de seus processos administrativos; sistemas de controle deficientes; alta dependência da presença do proprietário da empresa para que a mesma possa realizar normalmente as suas operações rotineiras etc., e pontos fortes tais como uma maior capacidade para prestar atendimento diferenciado, ou maior capacidade para manter um relacionamento mais consistente com clientes etc. Assim sendo, esses fatores também se caracterizam como indicadores potenciais de pontos fortes e pontos fracos das pequenas empresas.

---

[6] Op. cit., 2004, p. 126.

Além de levar em conta o que apresenta o Quadro 4.1, recomenda-se que se realize a análise interna seguindo-se os itens sugeridos na Figura 4.1.

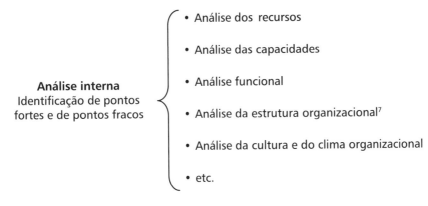

Fonte: Do Autor.

Figura 4.1 *Análise do ambiente interno das organizações.*

4.1 ANÁLISE DOS RECURSOS

Os *recursos* referem-se aos meios físicos, financeiros, humanos, tecnológicos, organizacionais e à reputação da empresa, e podem se dividir em **tangíveis**, tais como recursos financeiros, terrenos, edifícios e máquinas, e **intangíveis**, tais como marca, reputação, patentes e *know-how*.

A importância da análise dos recursos reside no fato de que qualquer organização, para desenvolver estratégias eficazes e conseguir alcançar os objetivos pretendidos, não basta saber o que deve ser feito para obter o êxito. É preciso que a empresa possua os recursos necessários para respaldar as estratégias.

Discutindo este tema, Itami[8] diz que muitas empresas empreendem estratégias sem dar-se conta de que não dispõem dos recursos necessários. Nesse caso, as estratégias se convertem em um simples *slogan* que não pode ser posto em prática.

Nesse mesmo sentido, Craig e Grant[9] comentam que "tradicionalmente, a estratégia tem sido focada no cliente: a primeira missão das empresas geralmente é vista em termos de atendimento às necessidades do cliente. Entretanto, em mui-

---

[7] Sobre estrutura organizacional, ver Capítulos 10, 11 e 12.
[8] ITAMI, op. cit., 1994, p. 49.
[9] CRAIG; GRANT, op. cit., 1999, p. 34.

tos casos, isso levou empresas a adotarem estratégias que foram além do limite de seus recursos".

Como já foi dito, para que a organização possa desenvolver estratégias eficazes e conseguir alcançar os objetivos pretendidos, não basta saber o que deve ser feito para obter o êxito. É necessário possuir recursos com determinadas características, as quais possam garantir vantagens competitivas que sejam capazes de situá-las e mantê-las em posições proveitosas no mercado.

Referindo-se às características (ou atributos) que devem ter os recursos para que seja possível gerar vantagens competitivas, Amit, Schoemaker e Barney[10] destacam como principais:

a) devem ser **valiosos**, permitindo que a empresa explore as oportunidades do ambiente e neutralize suas ameaças;

b) devem ser **duráveis**, para compensar o investimento exigido;

c) devem ser **raros** (ou pouco comuns), de maneira que os concorrentes não tenham facilidade de acesso a eles;

d) devem ser **difíceis de imitar** ou substituir, para evitar que outras empresas utilizem outros recursos que possam produzir o mesmo efeito.

Para Peteraf,[11] o que sustenta a vantagem competitiva da empresa são fatores tais como a heterogeneidade dos recursos, que se refere a "quantidade de atributos" dos recursos específicos da organização, e que os torna superior aos dos concorrentes; e as dificuldades que tem a concorrência para imitar ou substituir os recursos que geram vantagem competitiva em função de dificuldades de acesso, restrições legais, direitos de propriedade, desconhecimento por parte das outras empresas sobre quais são os recursos que originam a vantagem competitiva.

Quanto a Rumelt,[12] diz que a vantagem competitiva da empresa é sustentada pelos "mecanismos de isolamento" originados de recursos, tais como a reputação e imagem da empresa, as habilidades da equipe, a posse de recursos únicos e informações especiais, o conhecimento das atividades dos consumidores, as marcas e patentes que a organização possui etc.

---

[10] AMIT, Raphael; SCHOEMAKER, Paul J. H. Strategic assets and organizational rent. **Strategic Management Journal**, v. 14, p. 37-40, 1993; BARNEY, Jay. Firm resources and sustained competitive advantage, **Journal of Management**, v. 17, nº 1, 1991, p. 105-112.

[11] PETERAF, Margaret A. The cornestones of competitive advantage: a resource-based view. **Strategic Management Journal**, v. 14, p. 179-191, 1993.

[12] RUMELT. Richard P. Towards a strategic theory of the firm. In: LAMB, R. (Ed.). **Competitive strategic management**. Englewood Cliffs, NJ: Prentice Hall, 1984, p. 556-570.

Esses fatores transformam-se em mecanismos de isolamento, na medida em que geram dificuldades de acesso, por parte dos competidores, às oportunidades que os mesmos representam.

Comentando a respeito do tema recurso/estratégia, Itami[13] argumenta que "quando os recursos e a estratégia estão bem ajustados, dar-se-ão umas vantagens de combinação tanto na utilização dos recursos, como na acumulação dos ativos".

As *vantagens de combinação* são o resultado de uma carteira de elementos estratégicos que utilizam e acumulam recursos com eficiência e eficácia, e podem apresentar dois tipos de efeito: (1) efeito complementar e (2) efeito sinérgico.

O *efeito complementar* ocorre quando uma empresa consegue utilizar, de forma produtiva, os recursos que estariam inativos ou ociosos em determinado período, gerando rendas adicionais. O efeito complementar, geralmente, está associado ao uso combinado dos recursos tangíveis, por exemplo: uma empresa que se dedica à produção de derivados da mandioca pode aproveitar os equipamentos ociosos durante a entressafra para se dedicar à produção de outros produtos, tais como o amido de milho. Ou, ainda, os caminhões da empresa que são utilizados para levar produtos aos clientes podem prestar serviços de frete para não retornarem vazios, diminuindo assim os custos operacionais das entregas.

Quanto ao *efeito sinérgico*, a combinação vai mais além da simples utilização da plena capacidade dos recursos. A sinergia obtida cria algo novo, cujos efeitos são mais significativos e de maior amplitude do que o efeito complementar.

O efeito sinérgico está associado aos recursos intangíveis (ou ativos invisíveis), os quais produzem um efeito mais multiplicativo do que aditivo, por exemplo: uma mesma marca pode ser utilizada em diversos produtos, sem qualquer ônus à empresa, tal como fez a Nestlé. A marca *Prestígio* inicialmente se referia apenas a um tipo de chocolate; na atualidade, esta também é utilizada em outros produtos, tais como sorvete, biscoito e ovos de páscoa.

Itami assinala também que, em função de suas possibilidades de gerar efeitos sinérgicos, os recursos intangíveis, muitas vezes, representam o recurso mais importante para que a estratégia tenha êxito. Por exemplo, a sensibilidade à moda pode conduzir ao triunfo ou ao fracasso uma empresa de confecção. Além disso, os recursos intangíveis possuem a vantagem de permitir a utilização sem gasto adicional (sinergia), o que não ocorre com os recursos tangíveis. Uma mesma tecnologia, por exemplo, pode ser utilizada simultaneamente e sem custos adicionais no desenvolvimento de diferentes produtos.

---

[13] ITAMI, op. cit., 1994, p. 50-61.

Finalmente, um outro exemplo que ilustra o aproveitamento do efeito sinérgico foi o que fez a Marisol,[14] uma das três maiores confecções do país.

Ao constatar que cerca de 80% de seus mais de 7.000 clientes também vendiam calçados, a empresa decidiu entrar no negócio. Na opinião do presidente da empresa, Vicente Donini, "tanto confecção como calçado fazem parte do mundo do vestuário, e são negócios que têm sinergia".

Para levar a cabo essa decisão, a Marisol comprou uma empresa que já estava no mercado há 25 anos, ampliando e modernizando suas instalações e construindo mais uma fábrica.

Com essa estratégia, a Marisol está potencializando importantes recursos intangíveis, tais como o melhor aproveitamento dos canais de distribuição já definidos e a carteira de clientes já formada.

Além disso, para atuar também como calçadista, a Marisol passou a contar com a tecnologia e com as capacidades resultantes dos 25 anos de experiência da empresa adquirida. Assim, não foi comprada apenas uma empresa, sob o ponto de vista tangível, mas, também, a sua tecnologia, os seus recursos e a habilidade de seus empregados.

4.2 ANÁLISE DAS CAPACIDADES

As capacidades se referem às habilidades (ou talento) para utilizar os recursos de maneira combinada e coordenada com as pessoas e com os processos organizacionais, de forma que seja possível levar a cabo os fins desejados.

Para Campos,[15] "as capacidades representam o conjunto de conhecimentos e habilidades que, desde uma perspectiva dinâmica, originam as competências essenciais da empresa".

As capacidades, segundo Hill e Jones,[16] são "habilidades que residem nas rotinas de uma organização, isto é, na forma como uma empresa toma decisões e maneja seus processos internos com a finalidade de lograr os objetivos organizacionais. Em geral, as capacidades de uma firma são o produto de sua estrutura e sistemas de controle organizacional".

---

[14] Exemplo extraído de: (1) NAIDITCH, Suzana. Da cabeça aos pés, **Exame**, SP, nº 5, p. 88-90, 7 mar. 2001, e (2) entrevista realizada com Vicente Donini, Presidente da Marisol.

[15] CAMPOS, Eduardo Bueno. **Dirección estratégica de la empresa:** metología, técnicas y casos. Madrid: Pirámide, 1996, p. 192.

[16] HILL; JONES, op. cit., 1996, p. 115-116.

A esse respeito, Grant[17] diz que:

"Criar capacidades não é simplesmente uma questão de reunir equipes de recursos: capacidades envolvem complexos padrões de coordenação entre pessoas e entre pessoas e outros recursos. Aperfeiçoar semelhante coordenação exige aprendizagem através da repetição. Para entender a autonomia das capacidades da empresa, o conceito de rotina organizativa de Nelson e Winter é esclarecedor: as rotinas organizativas são padrões de atividades regulares e previsíveis que resultam de uma sequência coordenada de ações individuais. Uma capacidade é, em essência, uma rotina, ou um número de rotinas interativas. Uma organização é, ela mesma, uma enorme rede de rotinas."

Conforme foi dito no item anterior, "para que a organização possa desenvolver estratégias eficazes e conseguir alcançar os objetivos pretendidos, não basta saber o que deve ser feito para obter o êxito. É necessário possuir recursos com determinadas características, as quais possam garantir vantagens competitivas que sejam capazes de situá-las e mantê-las em posições proveitosas no mercado". Entretanto, além de possuir os recursos com as características necessárias, o desenvolvimento de vantagens competitivas exige, também, que a organização possua capacidade para tal.

Sobre isso, Dierickx e Cool[18] argumentam que a vantagem competitiva reside tanto sobre o estoque de recursos como sobre as capacidades da organização. Argumentam também que a sustentação desta posição privilegiada depende basicamente da facilidade com que os recursos e as capacidades da empresa podem ser imitados e/ou substituídos.

Dessa forma, as organizações devem buscar oportunidades em áreas de produto/mercado onde possam desfrutar de vantagens competitivas em função de poder "fazer melhor do que os seus concorrentes". Isto é, a possibilidade de êxito torna-se maior quando as estratégias são desenvolvidas com a finalidade de "explorar" as atividades que a empresa pode "fazer especialmente bem" em função de características especiais, ou seja, em função das características especiais de sua base de recursos e capacidades.

Assim, para que a empresa possa conquistar e manter uma posição competitiva privilegiada deve implementar estratégias que requeiram ativos idiossincráticos. Isto é, ativos que são acumulados no tempo e que se transformam em recursos e

---

[17] GRANT, Robert M. The resource-based theory of competitive advantage: implications for strategy formulation. **California Management Review**, p. 114-135, Spring 1991.

[18] DIERICKX, Ingemar; COOL, Karel. Assets stock accumulation and sustainability of competitive advantage. **Management Science**, v. 35, nº 12, p. 1504-1513, Dec. 1989.

capacidades específicas da empresa, e que se tornam impossíveis de serem apropriados pela concorrência.

Para dificultar a apropriação das capacidades da empresa por parte da concorrência, Hill e Jones[19] consideram que estas devem estar fundamentadas nas maneiras através das quais as decisões são tomadas e os processos organizacionais são manejados. Além disso, devem estar fundamentadas, também, na interação e na cooperação entre os diversos membros da organização, de forma a diminuir o "impacto individual". Como ilustração, Hill e Jones[20] utilizam a maneira através da qual funciona uma equipe de futebol: "O êxito da equipe não é produto de cada indivíduo senão de como funcionam os jogadores em conjunto. É o produto do entendimento tácito não escrito entre eles. Portanto, a transferência de um jogador estrela de uma equipe ganhadora para uma perdedora pode não ser o suficiente para melhorar o desempenho do conjunto perdedor." Para se apropriar da capacidade, a equipe perdedora teria que comprar todo o time.

Por outro lado, para o desenvolvimento de vantagens competitivas, a empresa deve identificar quais são as capacidades que são críticas para o seu sucesso. Para isso, Craig e Grant[21] propõem um método para identificar, classificar e desenvolver capacidades funcionais da empresa, baseada no *benchmarking*, de acordo com o que ilustra o Quadro 4.2 a seguir:

Quadro 4.2 *Identificação, classificação e desenvolvimento de capacidades funcionais*

Capacidades críticas ao sucesso da empresa	Organizações percebidas como padrão
Corporativa • Controle estratégico • Administração multinacional • Administração de aquisições	General Electric, United Biscuits, Unilever e Btr
Marketing • Administração de marcas internacionais • Desenvolvimento da confiança do cliente	Guinness, J. Sainsbury, American Express e Campbell's Soup
Administração de recursos humanos • Desenvolvimento da fidelidade e da confiança do empregado	Marks & Spencer e Shell

---

[19] HILL; JONES, op. cit., 1996, p. 116-121.

[20] HILL; JONES, op. cit., 1996, p. 121.

[21] CRAIG; GRANT, op. cit., 1999, p. 39.

Capacidades críticas ao sucesso da empresa	Organizações percebidas como padrão
Pesquisa e desenvolvimento • Capacidade de pesquisa • Capacidade de desenvolvimento de novos produtos	IBM, 3M, Du Pont, Sony e Canon
Operações • Eficiência na fabricação em volume • Flexibilidade de fabricação	Nucor, Texas Instruments, Hewlett-Packard e Toyota
Sistema de gerenciamento de informações • Comunicação oportuna e global das informações	The Gap e American Airlines
Vendas e distribuição • Eficiência e velocidade de distribuição • Eficiência no processamento de pedidos	Wall-Mart e Ll Bean

Fonte: Adaptado de Craig e Grant.[22]

Além do método proposto por Craig e Grant para se identificarem, classificarem e desenvolverem capacidades funcionais da empresa, pode-se utilizar também a cadeia de valor proposta por Porter,[23] que é uma forma sistemática de examinar todas as atividades que a empresa desempenha e como interatuam.

Discutindo sobre este tema, Craig e Grant[24] comentam que:

> "A cadeia de valor é uma representação gráfica das atividades de uma empresa, organizada de maneira a mostrar a sequência dessas atividades. A cadeia de valor fornece uma estrutura poderosa para a identificação e avaliação dos recursos e capacidades de uma empresa, em parte porque enfatiza a interligação entre as diferentes atividades e também porque facilita as comparações entre empresas, considerando tanto as atividades individuais como a estruturação de atividades."

Porter destaca que a vantagem competitiva não pode ser compreendida vendo uma empresa como um todo, dado que há uma diversidade de fatores que necessitam ser analisados para que seja possível compreender o âmbito competitivo da mesma. Assim, para que se possa diagnosticar as fontes de vantagem competitiva, Porter apresenta o conceito de **cadeia de valor**,[25] que é uma forma sistemática de

---

[22] Op. cit., 1999, p. 39-40.

[23] PORTER, Michael E. **Ventaja competitiva**: creación y sostenimiento de un desenpeño superior, México: CECSA, 1994a, p. 51-78.

[24] CRAIG; GRANT, op. cit., 1999, p. 40.

[25] PORTER, op. cit. (1994a), p. 54 diz que, em termos competitivos, **valor** é a quantidade que os clientes estão dispostos a pagar pelo que uma empresa lhes proporciona.

examinar todas as atividades que uma empresa desempenha e como interatuam. (ver Figura 4.2).

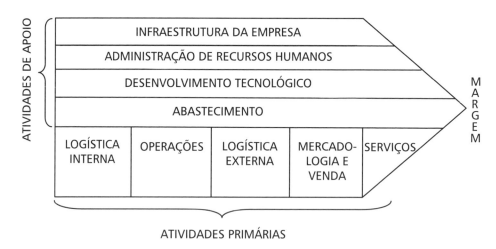

Fonte: Adaptada de Porter.[26]

Figura 4.2   *A cadeia de valor.*

A cadeia de valor "desdobra" a empresa em suas *atividades estrategicamente relevantes* (atividades de valor e de margem) para compreender o comportamento dos custos e das fontes de diferenciação existentes e potenciais. Uma empresa obtém a vantagem competitiva, desempenhando essas atividades estrategicamente relevantes mais barato e melhor do que seus concorrentes.

As **atividades de valor** são as diferentes atividades físicas e tecnológicas que a empresa desempenha com a finalidade de criar produtos valiosos para seus clientes. E a **margem** é a diferença entre o valor total e o custo coletivo de desempenho das atividades de valor. Isto é, é a diferença entre a quantidade total que os clientes estão dispostos a pagar pelo que a empresa lhes proporciona e o custo total para desempenhar todas as atividades físicas e tecnológicas necessárias.[27]

As atividades de valor, segundo Porter, estão divididas em atividades primárias e atividades secundárias.

As **atividades primárias** incluem a criação física do produto, sua venda, a transferência e a assistência pós-venda. Ditas atividades estão divididas em cinco grupos:

---

[26] Op. cit., 1994a, p. 55.
[27] PORTER, op. cit., 1994a, p. 54.

a) *logística interna*: são as atividades associadas ao recebimento, ao armazenamento e à distribuição de insumos do produto, tais como o manejo de materiais, o controle de inventários etc.;

b) *operações*: são as atividades associadas com a transformação de insumos em produtos acabados, tais como a utilização de máquinas, a manutenção dos equipamentos, a embalagem etc.;

c) *logística externa*: são as atividades relacionadas com a distribuição física dos produtos aos clientes, tais como a programação e o manejo dos pedidos, a operação dos veículos de entrega etc.;

d) *mercadologia e vendas*: são as atividades que visam proporcionar um meio pelo qual os clientes possam comprar os produtos e induzi-los a fazê-lo, tais como a propaganda, a promoção, a força de vendas, a seleção de canais, a determinação de preços etc.;

e) *serviços*: são as atividades associadas com a prestação de serviços para realçar ou manter o valor do produto, tais como a assistência técnica, os consertos e reparos, as reposições e os ajustes do produto.

As **atividades de apoio** são as que "sustentam" as atividades primárias, permitindo que estas sejam levadas a cabo. Tais atividades estão divididas em quatro grupos:

a) *abastecimento*: refere-se à função de comprar os insumos utilizados na cadeia de valor da empresa. Os insumos comprados incluem matérias-primas, provisões e outros artigos de consumo, assim como ativos tais como máquinas, equipamentos e edifícios;

b) *desenvolvimento de tecnologia*: refere-se ao conjunto de conhecimentos (métodos, técnicas, instrumentos etc.) que são desenvolvidos com a finalidade de melhorar o produto e o processo de produção;

c) *administração de recursos humanos*: refere-se às atividades relacionadas com o recrutamento, a seleção, a contratação, o treinamento, o desenvolvimento e a compensação dos recursos humanos. A administração de recursos humanos deve respaldar tanto as atividades primárias como as de apoio;

d) *infraestrutura da empresa*: refere-se a atividades tais como a administração geral, o planejamento, as finanças, a contabilidade, os assuntos legais, a administração da qualidade etc. A infraestrutura da empresa, de forma diferente de outras atividades, apoia a cadeia de valor como um todo, e não as atividades individuais.

Porter considera que a cadeia de valor de uma empresa está incrustada em um campo maior de atividades, o qual denomina **sistema de valor**, que inclui as cadeias de valor dos fornecedores, dos canais e dos clientes (além da cadeia de valor da empresa) (ver Figura 4.3):

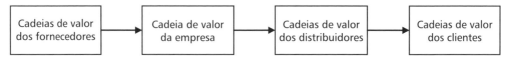

Fonte: Adaptada de Porter.[28]

Figura 4.3   *O sistema de valor.*

Os *fornecedores* fornecem produtos ou serviços que a empresa emprega em sua cadeia de valor, assim, através da interação das atividades de abastecimento e logística interna, eles influenciam significativamente nos custos e na diferenciação de uma empresa.

Os *canais* têm cadeias de valor através das quais passam os produtos de uma empresa. Assim, eles realizam atividades tais como as vendas, a propaganda, a determinação do preço final etc., os quais influenciam a cadeia de valor da empresa.

Quanto aos *clientes*, influenciam a cadeia de valor porque eles são a "fonte de criação de valor" para a empresa. Segundo Porter, a vantagem competitiva resulta principalmente do valor que uma empresa é capaz de criar para seus clientes.

Porter considera que, para uma empresa se manter competitiva, é necessário que sua cadeia de valor seja administrada de maneira integrada com o sistema de valor, o que requer um bom sistema de informação e coordenação.

Finalmente, para facilitar o entendimento de como a empresa pode administrar a cadeira de valor, apresenta-se a seguir um exemplo que trata da compra de um computador com impressora por um determinado cliente:

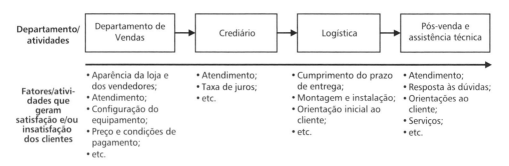

Fonte: Do Autor.

Figura 4.4   *Exemplo de criação de valor para o cliente.*

---

[28]   Op. cit., 1994a, p. 53.

A Figura 4.4 mostra que a satisfação e, consequentemente, o valor para o cliente resultam da capacidade que a empresa deve ter para desempenhar eficazmente uma série de atividades estrategicamente relevantes. Assim sendo, na medida em que tais atividades são levadas a cabo de uma forma melhor do que a concorrência, a empresa consegue obter vantagem competitiva.

4.3 ANÁLISE FUNCIONAL

Esta análise trata de diagnosticar as principais funções da empresa, tais como marketing, produção, logística/materiais, recursos humanos e finanças, com a finalidade de identificar os principais pontos fortes e pontos fracos mais relevantes relacionados ao desempenho das mesmas.

A análise funcional, segundo Menguzzato e Renau,[29] tem por objetivo estudar o que a empresa está realizando em cada uma de suas funções a fim de chegar a determinar os pontos fortes e fracos. Em consequência, para cada área funcional, deverão ser identificados que aspectos-chave das mesmas devem ser objeto de análise.

Além de facilitar a identificação das forças e das debilidades internas da empresa, a análise funcional também pode ser utilizada como uma importante fonte de informações para a realização da análise externa. Por exemplo, a elaboração de uma curva ABC[30] por cliente pode servir de base para que se possa analisar o poder de negociação dos mesmos.

Assim, sem a intenção de ser exaustivo, propõe-se o roteiro a seguir[31] com a finalidade de que os dirigentes da empresa possam escolher, entre os fatores indicados, aqueles que devem ser analisados com a finalidade de se identificarem os principais pontos fortes e pontos fracos:

a) **Marketing:**

- análise da participação da empresa no mercado, em comparação com a concorrência;
- evolução da demanda por produto/serviço e do mercado potencial, identificando as causas da existência de segmentos não atendidos;

---

[29] MENGUZZATO; RENAU, op cit., 1992, p. 138.

[30] Sobre curva ABC, ver Capítulo 13.

[31] Roteiro adaptado de: MENGUZZATO; RENAU, op. cit., 1992, e CAVALCANTI, Marly; FARAH, Osvaldo E.; MELLO, Álvaro A. A. **Diagnóstico organizacional**: uma metodologia para pequenas e médias empresas. São Paulo: Loyola, 1981.

- carteira de clientes: elaborar uma curva ABC por cliente (fazer uma lista/quadro com o nome de cada cliente, indicando o percentual que cada um representa sobre o volume total de vendas realizadas pela empresa);
- análise das características dos produtos, tais como a amplitude da gama de produtos, as características tecnológicas, o preço, os serviços pós-venda etc., em comparação com os principais concorrentes;
- análise da lucratividade e do potencial de cada produto;
- análise do posicionamento da marca: situação relativa da marca em relação a dos principais concorrentes;
- áreas geográficas nas quais os produtos são vendidos com a identificação de possíveis áreas em descoberto;
- descrição e análise da eficiência dos canais de distribuição que a empresa utiliza;
- breve relato sobre o programa de propaganda/comunicação com os clientes;
- breve descrição de como são estabelecidos os preços de cada produto;
- breve descrição dos concorrentes, incluindo pelo menos: (1) lista de seus produtos/serviços, (2) localização geográfica de cada concorrente, (3) tamanho de suas empresas, (4) percentual de participação no mercado, (5) política de preços e (6) canais de distribuição utilizados;
- breve descrição sobre o cumprimento de prazos de entrega dos produtos vendidos;
- descrição dos diferenciais que a empresa possui (em relação à concorrência);
- percentual de inadimplência (por cliente e total);
- análise da eficiência da força de vendas.

b) **Produção:**
- análise do estado dos equipamentos e das instalações;
- breve descrição/fluxogramação dos processos de produção de cada produto;
- descrição e análise do *layout* da área de produção;
- breve descrição da eficiência do(s) programa(s) de controle de qualidade atualmente utilizados;
- breve descrição de como a produção é programada e controlada (ordens de produção sob encomenda ou para estocagem?);

- breve descrição dos critérios atualmente utilizados para medir o desempenho/produtividade (da empresa como um todo e do pessoal da produção);
- breve descrição dos métodos atualmente utilizados para evitar perdas e/ou desperdícios;
- breve descrição dos programas de manutenção preventiva e corretiva das máquinas e/ou equipamentos da empresa;
- breve comentário sobre a capacidade de produção atual e futura.

c) **Logística/materiais:**

- carteira de fornecedores: elaborar uma curva ABC por fornecedor (fazer uma lista/quadro com o nome de cada fornecedor, indicando o percentual que cada um representa sobre o volume total das despesas realizadas com compras);
- elaborar uma lista das principais matérias-primas compradas, indicando o nome do(s) fornecedores atuais e possíveis fornecedores futuros (alternativos);
- descrição dos procedimentos para compra, incluindo o tipo de aprovação necessária à aquisição das diversas compras de materiais;
- descrição dos critérios utilizados para a escolha/aprovação de novos fornecedores.

d) **Gestão de pessoas:**

- descrição dos meios utilizados para recrutar e selecionar pessoal (tanto pessoal administrativo como da produção);
- descrição dos critérios utilizados para dividir o trabalho (tanto entre o pessoal administrativo como entre os da produção);
- descrição dos critérios utilizados para estabelecer os salários (tanto do pessoal administrativo como da produção);
- descrição dos procedimentos utilizados para treinar o pessoal (tanto administrativo como da produção);
- descrição dos procedimentos utilizados para avaliar o desempenho do pessoal (tanto administrativo como da produção);
- descrição dos critérios utilizados pela empresa para promover o pessoal e para ajustar os salários (tanto administrativo como da produção);
- descrição das condições gerais da empresa em termos de segurança no trabalho;
- descrição dos planos de benefícios oferecidos pela empresa a seus empregados.

e) Finanças:

- lucros e perdas nos últimos três anos;
- análise dos últimos três balanços;
- análise de liquidez, grau de endividamento etc.;
- análise dos orçamentos mais recentes;
- descrição dos recursos financeiros e empréstimos solicitados recentemente;
- resumo dos investimentos feitos.

4.4 ANÁLISE DA CULTURA E DO CLIMA ORGANIZACIONAL

A cultura organizacional refere-se ao conjunto de valores, crenças, atitudes e normas compartilhadas que moldam o comportamento e as expectativas de cada membro da organização. Em termos mais simples, a cultura organizacional pode ser conceituada como a maneira de ser da organização, o que resulta do conjunto de maneiras de ser de seus membros.

De acordo com Hitt, Ireland e Hoskisson,[32]

"a cultura organizacional diz respeito ao conjunto complexo de ideologias, símbolos e valores centrais, que é compartilhado em toda a empresa e capaz de influenciar a forma pela qual ela conduz os seus negócios. [...] desse modo, cultura é a energia social que impulsiona – ou deixa de impulsionar – a organização".

Neste mesmo sentido, Kast e Rosenzweig[33] comentam que "a cultura oferece formas definidas de pensamento, sentimento e reação que guiam a forma de decisão e outras atividades dos participantes da organização".

Comentando sobre a importância da cultura organizacional, Kaplan e Norton[34] afirmam que "(1) a estratégia exige mudanças básicas na maneira de como conduzimos os negócios, (2) a estratégia deve ser executada pelos indivíduos em todos os níveis da organização e (3) como pré-requisito para tais mudanças, novas atitudes e comportamentos – cultura – serão necessários em toda a força de trabalho". Assim, a cultura pode ser um fator de inibição ou um habilitador, caracterizando-se assim como um ponto forte ou fraco da organização.

---

[32] HITT; IRELAND; HOSKISSON, op. cit., 2003, p. 36.

[33] KAST, Fremont E.; ROSENZWEIG, James E. **Administración en las organizaciones:** enfoque de sistemas y de contingencias. México: McGraw-Hill, 1994, p. 701.

[34] KAPLAN; NORTON, op. cit., 2004, p. 287.

Quanto ao clima organizacional, é o ambiente de relações existente em uma organização e que resulta, principalmente, da cultura organizacional.

De acordo com Souza,[35] o clima organizacional é uma decorrência do "peso" de cada um dos elementos culturais. Desse modo, à medida que se altera a cultura organizacional, ocorrem também mudanças no clima organizacional.

A cultura e o clima organizacional afetam os estilos de administração da empresa, os graus de centralização e de descentralização do poder, a motivação, a produtividade e a capacidade inovadora de seus membros etc., contribuindo significativamente para o sucesso ou fracasso da organização.

Assim sendo, qualquer tentativa de se instituírem novos métodos de trabalho, novos processos ou novas estratégias exigirá uma análise da cultura e do clima organizacional, uma vez que é destes que resulta a disposição para mudanças (ver Figura 4.5).

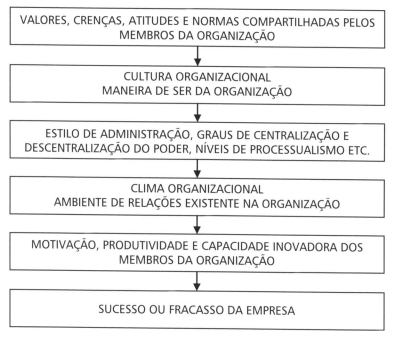

Fonte: Elaboração do autor, a partir de Stoner e Freeman[36] e Souza.[37]

Figura 4.5 *Cultura e clima organizacional.*

---

[35] SOUZA, Edela Lanzer Pereira de. **Clima e cultura organizacionais**. São Paulo: Edgard Blücher, 1978, p. 37.

[36] STONER, James A. F.; FREEMAN R. Edward. **Administração**. Rio de Janeiro: Prentice Hall, 1995.

[37] SOUZA, op. cit., 1978.

A Figura 4.5 ilustra que: (1) a cultura organizacional é determinada pelos valores, pelas crenças, pelas atitudes e pelas normas compartilhadas pelos membros da organização; (2) como resultado da cultura, a organização apresenta um determinado estilo de administração, graus de centralização e de descentralização do poder, níveis de processualismo etc.; (3) como decorrência da cultura e de seus elementos (estilo de administração etc.), a organização apresentará um determinado clima (ou ambiente de relações) que, por sua vez, determinará os graus de motivação, de produtividade e de capacidade inovadora de seus membros, repercutindo diretamente sobre o sucesso ou fracasso da empresa. Portanto, a análise da cultura e do clima organizacional constitui um fator de elevada importância para a identificação de pontos fortes e fracos na organização.

5

Análise SWOT – Parte II: Fatores Externos

Essa etapa da análise SWOT consiste no desenvolvimento de uma sistemática de análise do ambiente externo com a finalidade de buscar o máximo de informações possível a respeito das condições ambientais externas que constituem o cenário no qual a organização está inserida e o relacionamento entre ambos (organização-ambiente).

A análise dos fatores externos consiste na identificação de oportunidades e ameaças (*opportunities* e *threats*) que possibilitem o desenvolvimento de estratégias de ação com a finalidade de precaver-se contra as ameaças antes que elas se tornem problemas, e tirar o máximo possível de proveito das oportunidades oferecidas pelo meio externo.

As ameaças, de acordo com Pagnoncelli e Vasconcellos Filho,[1] "são situações externas, atuais ou futuras que, se não eliminadas, minimizadas ou evitadas pela empresa, podem afetá-la negativamente". Quanto às oportunidades, "são situações externas, atuais ou futuras que, se adequadamente aproveitadas pela empresa, podem influenciá-la positivamente".

Para Kluyever e Perarce II,[2] "as melhores oportunidades são situações que demandam os recursos e as competências materiais, de capital e organizacionais que a empresa possui", o que sugere que a análise externa da organização deva

---

[1] PAGNONCELLI; VASCONCELLOS FILHO, op. cit., 1992, p. 209.

[2] KLUYVER; PEARCE II, op. cit., 2006, p. 88.

58 Planejamento Estratégico • Andrade

ser realizada tendo-se em conta os seus pontos fortes e pontos fracos, os quais podem servir de base para a identificação das ameaças e das oportunidades externas.

Nesse mesmo sentido, Kotler[3] comenta que a chave das oportunidades para uma empresa reside na vantagem diferencial, a qual resulta das características particulares que a empresa possui para satisfazer aos requisitos necessários para o sucesso da oportunidade de forma mais eficaz do que a concorrência.

O Quadro 5.1 apresenta alguns indicadores potenciais que devem ser observados para se avaliar as oportunidades e as ameaças.

Quadro 5.1   *Indicadores potenciais de oportunidades e ameaças*

INDICADORES POTENCIAIS DE OPORTUNIDADES	INDICADORES POTENCIAIS DE AMEAÇAS
• servir grupos adicionais de clientes; • entrar em novos mercados ou segmentos; • expandir a linha de produto para atender uma faixa maior de necessidades dos clientes; • diversificação em produtos relacionados; • desenvolver integração vertical (para frente ou para trás); • queda de barreiras comerciais em mercados estrangeiros atrativos; • complacência entre empresas rivais; • crescimento mais rápido do mercado; • outras?	• entrada de concorrentes estrangeiros com custo mais baixo; • elevação das vendas de produtos substitutos; • crescimento mais lento do mercado; • mudanças adversas nas taxas de câmbio internacionais e nas políticas comerciais de governos estrangeiros; • exigências legais onerosas; • crescimento no poder de barganha de clientes e fornecedores; • mudanças nas necessidades e nos gostos dos compradores; • mudanças demográficas adversas; • outras?

Fonte: Adaptado de Thompson Jr. e Strickland III.[4]

Aparentemente é fácil distinguir as situações que constituem oportunidades e/ou ameaças à empresa. Contudo, é importante destacar que, muitas vezes, tal distinção exige uma grande habilidade por parte dos administradores, tal como exemplifica a Ilustração 5.1:

---

[3]   KOTLER, op. cit., 1991, p. 77.

[4]   Op. cit., 2004, p. 126.

A Vídeo New, localizada numa cidade com aproximadamente 350 mil habitantes, foi uma das primeiras empresas da região a se dedicarem à locação de filmes em DVD.	O novo local escolhido foi um amplo casarão, localizado numa das principais avenidas da cidade, e com um amplo espaço para estacionamento.
Durante alguns anos o negócio estava "indo de vento em popa", até que o surgimento de inúmeros pequenos concorrentes fez com que a Vídeo New passasse a experimentar uma grande queda na quantidade de filmes locados, chegando a perder cerca de 40% do volume total de locação.	2. Fez um grande investimento em novos títulos de filmes, passando a sublocar para outras lojas, transformando assim muitos de seus concorrentes em clientes.
	3. Além da locação, passou também a vender filmes, aparelhos reprodutores e gravadores de DVD etc.
Preocupado com o futuro de sua empresa, o seu proprietário resolveu redirecionar o seu negócio, introduzindo algumas modificações, destacando-se:	4. Aproveitando o espaço do casarão, foram criadas algumas salas onde os clientes poderiam locar e assistir os filmes na própria locadora, tendo também como opção um serviço de bar de excelente nível.
1. Transferiu a sua loja que, além de estar localizada numa sala que já apresentava problemas de espaço físico, situava-se em uma área que apresentava grandes dificuldades para estacionamento.	5. Iniciou, também, um negócio de representações, vendas e distribuição de filmes, no varejo e atacado, incluindo, além da sua, diversas cidades da região.

Fonte: Do Autor.

Ilustração 5.1 *Vídeo New, problema ou oportunidade?*

A Ilustração 5.1 mostra que, conforme se afirmou anteriormente, a distinção entre oportunidade e ameaça depende, muitas vezes, da habilidade do administrador para analisar o ambiente externo. O dirigente da Vídeo New poderia encarar o surgimento da grande quantidade de pequenos concorrentes como uma ameaça à sua empresa, e passar a desenvolver estratégias específicas para enfrentá-los. Entretanto, demonstrando uma grande habilidade para empreender análises do ambiente externo, ele visualizou uma oportunidade onde muitos, provavelmente, estariam identificando uma ameaça. Isto é, ele teve a habilidade para transformar os novos concorrentes em clientes, melhorando significativamente a posição da empresa no mercado.

Para levar a cabo essa análise é necessário analisar os dois segmentos que constituem o ambiente externo das organizações: o ambiente operacional e o ambiente geral, como ilustra a Figura 5.1:

Fonte: Do Autor.

Figura 5.1 *Análise do ambiente externo das organizações.*

5.1 AMBIENTE OPERACIONAL

O ambiente operacional, também conhecido como ambiente direto, ou de tarefa, é constituído por um conjunto de variáveis (pessoas, grupos de pessoas ou organizações diversas) com as quais a organização mantém relações constantes e diretas, constituindo-se assim em uma importante fonte de ameaças e oportunidades.

Discutindo este tema, Porter[5] comenta que:

"A essência da formulação da estratégia é lidar com a competição. Entretanto, tende-se a perceber a competição de forma muito limitada e pessimista. Muito embora ouçamos argumentações contrárias por parte de executivos,

---

[5] PORTER, Michael E. Como as forças competitivas moldam a estratégia. In: MONTGOMERY, Cyntia A.; PORTER, Michael E. **Estratégia**: a busca da vantagem competitiva. Rio de Janeiro: Campus, 1998, p. 11.

a competição intensa em um setor industrial nada tem a ver com coincidência nem com as adversidades da sorte.

Além disso, na luta por participação no mercado, a competição não se manifesta apenas através dos demais concorrentes. Pelo contrário, a competição em um setor industrial tem suas raízes em sua respectiva economia subjacente e existem forças competitivas que vão muito além do que esteja representado unicamente pelos concorrentes estabelecidos neste setor em particular. Os clientes, os fornecedores, os novos entrantes em potencial e os produtos substitutos são todos competidores que podem ser mais ou menos proeminentes ou ativos, dependendo do setor industrial."

5.1.1 O modelo das cinco forças competitivas

Para iniciar a análise do ambiente operacional, recomenda-se que esta comece com as cinco forças competitivas propostas por Porter,[6] a saber: (1) rivalidade entre os competidores atuais, (2) poder de negociação dos clientes, (3) poder de negociação dos fornecedores, (4) ameaça de ingresso de novos competidores e (5) ameaça de produtos ou serviços substitutos, tal como ilustra a Figura 5.2.

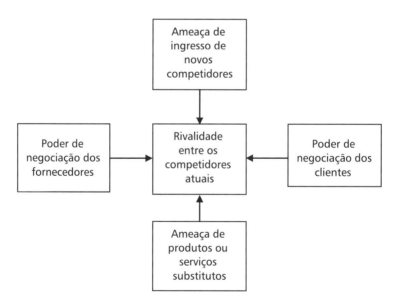

Fonte: Adaptada de Porter.[7]

Figura 5.2 *As cinco forças competitivas do setor industrial.*

---

[6] PORTER, Michael E. **Estrategia competitiva**: técnicas para el análisis de los sectores industriales y de la competencia. México: CECSA, 1994b e PORTER, op. cit., 1994a.

[7] Op. cit., 1994b, p. 24.

62 Planejamento Estratégico • Andrade

O resultado da ação conjunta dessas cinco forças pode ocorrer de maneira diferente, dependendo do setor industrial em que a empresa está situada e, também, das características da empresa. Entretanto, além dos "simples competidores atuais", os clientes, os fornecedores, os substitutos e os concorrentes potenciais são todos competidores de maior ou menor importância, dependendo das características particulares. A esta concorrência, em seu sentido mais amplo, Porter chama de **rivalidade ampliada.**

Comentando sobre as principais características de cada uma das cinco forças competitivas, Porter[8] destaca:

1. Rivalidade entre os competidores existentes

A rivalidade entre os competidores existentes faz com que cada organização utilize táticas tais como a concorrência em preços, as "guerras de propaganda", a introdução de novos produtos, o incremento nos serviços ou nas garantias oferecidas aos clientes etc.

Na medida em que as empresas sentem a pressão ou veem a oportunidade de melhorar a sua posição dentro do setor industrial em que competem, passam a utilizar táticas como estas. Entretanto, a intensificação da rivalidade ocorre devido a uma série de fatores, dentre os quais Porter destaca:[9]

a) a rivalidade se intensifica quando os concorrentes são numerosos ou quando se encontram mais ou menos em igualdade de condições de tamanho e poder;

b) quando o setor está em crescimento, as empresas estão buscando oportunidades de negócio e tratando de se preparar para poder atender a demanda crescente. Entretanto, quando o crescimento do setor é lento, a rivalidade se intensifica dando origem a uma luta pela participação no mercado, principalmente entre as empresas com mentalidade expansionista;

c) quando o produto ou serviço carece de diferenciação, ou quando os custos não são repassáveis, a escolha por parte dos compradores baseia-se principalmente no preço e nos serviços oferecidos, o que resulta em uma intensa concorrência baseada no preço e nos serviços;

d) quando os custos fixos são elevados, as empresas procuram operar com a capacidade máxima, o que geralmente resulta em preços descenden-

---

[8] PORTER, op. cit., 1994b, p. 27-48.

[9] PORTER, op. cit., 1994b, p. 37-41 e PORTER, Michael E. **Competição** – *on competition*: estratégias competitivas essenciais. Rio de Janeiro: Campus, 1999, p. 39.

tes, principalmente quando existe capacidade em excesso. Neste caso as empresas tendem a reduzir o preço para assegurar as vendas, o que intensifica a rivalidade;

e) quando o produto é perecível as empresas também se sentem tentadas a reduzir os preços para assegurar as vendas, o que também contribui para a intensificação da rivalidade;

f) a rivalidade também se intensifica quando ocorre excesso de investimento na capacidade de produção de empresas importantes do setor, o que resulta em uma concorrência agressiva de preços;

g) as empresas diferem muito em suas estratégias, possuem objetivos diferentes entre si, utilizam diferentes formas para competir etc. Esses fatos fazem com que as empresas se choquem umas com as outras, intensificando a rivalidade.

A convivência com todos esses fatores, dependendo das características do setor, faz com que a rivalidade seja mais intensa ou mais moderada, o que leva as empresas a realizar mudanças estratégicas com a finalidade de melhorar a sua posição ou enfraquecer a dos competidores.

Dessa forma, para que se possa mais facilmente identificar oportunidades e ameaças relacionadas aos competidores atuais, recomenda-se que os principais concorrentes da empresa sejam identificados e "mapeados", tal como ilustra o Quadro 5.2:

Quadro 5.2 *Análise comparativa com a concorrência*

Empresa Concorrente	Vantagens da Concorrência sobre a Nossa Empresa	Vantagens da Nossa Empresa sobre a Concorrência
EMPRESA A	• maior capacidade de compra e investimento; • maior poder de barganha junto aos clientes e aos fornecedores; • rede de distribuição mais ampla; • *mix* de produto mais amplo.	• maior capacidade para prestar atendimento diferenciado; • relacionamento mais consistente com os clientes; • maior conhecimento sobre o mercado onde atua.
EMPRESA B	...	...
EMPRESA C	...	...
EMPRESA N	...	...

Fonte: Do Autor.

O Quadro 5.2 pode ser utilizado como um instrumento capaz de proporcionar uma clara visão a respeito das vantagens e das desvantagens de nossa empresa em relação a cada um dos concorrentes arrolados, o que facilita a identificação de oportunidades e ameaças relacionadas aos competidores atuais.

Além de identificar e analisar os principais concorrentes, entretanto, recomenda-se que cada um dos fatores anteriormente citados seja cuidadosamente analisado com a finalidade de se ter uma melhor compreensão a respeito das características do setor onde se atua, e como tais características podem agir como oportunidade ou como ameaça.

2. Poder de negociação dos clientes

Os clientes representam uma ameaça quando têm o poder suficiente para forçar a baixa de preços ou para exigir qualidade superior ou mais serviços, levando as empresas de um determinado setor industrial a intensificar a concorrência.

De acordo com Porter, os clientes se fazem mais poderosos nas seguintes circunstâncias:

a) quando estão concentrados ou quando compram grandes volumes com relação às vendas do fornecedor (se uma grande quantidade das compras é adquirida por um determinado comprador, isso eleva a sua importância nos resultados da empresa);[10]

b) quando as matérias primas compradas representam uma fração importante dos seus custos (nestes casos os compradores, geralmente, estarão dispostos a intervir com os recursos necessários para comprar a um preço favorável);

c) quando os produtos que compram são padronizados ou não diferenciados (neste caso é fácil encontrar fornecedores alternativos);

d) quando enfrentam custos baixos para mudar de fornecedor;

e) quando representam uma ameaça de integração para trás, isto é, eles podem decidir começar a produzir ao invés de comprar;

f) quando o produto comprado não é importante para a qualidade do seu produto ou serviço;

g) quando têm "informação total" (este caso proporciona uma grande vantagem de negociação para o cliente quando o volume de informações do vendedor é "pobre").

---

[10] A análise do poder de compra dos clientes pode ser feita utilizando-se a curva ABC (ver Capítulo 13: Instrumentos de apoio ao planejamento estratégico).

3. Poder de negociação dos fornecedores

Os fornecedores constituem uma ameaça quando têm poder para elevar os preços ou reduzir a qualidade dos produtos ou serviços, principalmente quando o comprador tem poucas possibilidades para elevar seus preços.

Segundo Porter, os fornecedores se tornam mais poderosos nas seguintes circunstâncias:

a) quando são poucos ou estão mais concentrados do que o setor industrial para o qual vendem;

b) quando não estão obrigados a competir com outros produtos substitutos;

c) quando a empresa não é um cliente importante para o grupo fornecedor;

d) quando vendem um produto importante para o negócio do comprador;

e) quando seus produtos são diferenciados ou requerem custos para a mudança de fornecedor;

f) quando o grupo fornecedor representa uma ameaça de integração para frente, isto é, eles podem decidir pela criação de um sistema de distribuição e vendas.

4. Ameaça de ingresso de novos competidores

A ameaça de ingresso de novos competidores ocorre em função das empresas que não participam de um determinado mercado, ou setor industrial, mas poderiam fazê-lo se assim o desejassem.

Esses casos ocorrem quando os competidores potenciais possuem tecnologia, força de vendas e capital necessário para buscar oportunidades através da diversificação em outro setor, ou quando se tratam de empresas estabelecidas em outras regiões que passarão a atuar também no mesmo mercado (ou região) onde a empresa atua. Esse fato leva as empresas estabelecidas a criar **barreiras de entrada** para fazer desistir os possíveis competidores.

Entre as barreiras de entrada mais utilizadas pelas empresas estabelecidas, encontram-se: (1) as economias de escala,[11] (2) a diferenciação dos produtos, (3) exigências de capital para entrar no setor, (4) dificuldades para mudança de

---

[11] Segundo HILL, Charles W. L.; JONES, Gareth R. **Administración estratégica**: un enfoque integrado. Santafé de Bogotá, McGraw-Hill, 1996, p. 71, **as economias de escala** "são vantagens de custo associadas a companhias de grande magnitude. As fontes de economias de escala incluem reduções de custo obtidas através da fabricação em série de produtos padronizados, descontos em matérias primas e peças em grandes volumes, a distribuição de custos fixos sobre um grande volume e economias de escala em propaganda".

fornecedor, (5) as dificuldades de acesso aos canais de distribuição por parte dos novos competidores, (6) desvantagens em custos independentes das economias de escala e (7) barreiras legais e governamentais.

Economias de escala: na medida em que uma empresa aumenta o volume de produção, menor será o custo unitário do produto e os custos das operações e funções que entram em sua elaboração. Além do processo de fabricação, as economias de escala podem estar presentes também nos processos de compra, na pesquisa e no desenvolvimento, nas operações mercadológicas e na força de vendas, na distribuição, nas cadeias de serviços utilizados etc.

Assim, os novos pretendentes ou entram no setor produzindo em grande escala, correndo o risco de enfrentar uma forte reação das empresas existentes, ou entram produzindo em pequena escala, aceitando uma desvantagem em custo. Muitas vezes ambas as opções são indesejáveis, impedindo o ingresso de novos competidores.

Diferenciação dos produtos: a diferenciação dos produtos está relacionada com a identificação de marcas consolidadas; com a lealdade dos clientes em função do esforço de marketing já realizado; pelos serviços que são sistematicamente oferecidos; pela experiência adquirida com a inovação de produtos através de sistemas de pesquisa e desenvolvimento etc.

Assim, a diferenciação cria uma barreira de ingresso para os novos competidores, que muitas vezes não apresentam condições para realizar grandes investimentos, empreender grandes esforços e esperar um longo tempo para superar as dificuldades que certamente enfrentarão para sair da desvantagem.

Exigências de capital para entrar no setor: a necessidade de investir uma grande quantidade de recursos financeiros para competir com as empresas já estabelecidas no setor também constitui uma grande barreira de entrada para novos competidores. Além do capital necessário para as instalações, é obrigatório o investimento de grandes somas para propaganda, pesquisa e desenvolvimento, criação de sistemas de crédito para clientes etc.

Dificuldades para mudança de fornecedor: outra barreira de ingresso resulta da dificuldade que os compradores das empresas já estabelecidas no setor sentem, muitas vezes, para mudar de fornecedor.

Além dos custos necessários para retreinar empregados, para constituir novas equipes auxiliares e para aprovar e certificar a nova fonte existem outras dificuldades tais como "abrir mão" de parcerias e da ajuda técnica recebida do fornecedor, necessidade de redesenhar produtos etc.

Dificuldades de acesso aos canais de distribuição por parte dos novos competidores: geralmente os distribuidores têm preferência pelas empresas já estabelecidas no setor industrial, dificultando assim o acesso dos novos pretendentes. Estes, para conseguir realizar seus negócios, necessitam persuadir os canais existentes a aceitar seus produtos através de táticas tais como a redução de preços e o investimento de recursos financeiros para propaganda compartilhada e para financiar promoções de venda etc.

Além disso, existem outras dificuldades tais como a necessidade de convencer os varejistas a ceder espaços em suas prateleiras, dificuldades para "quebrar os laços" resultantes de antigas relações entre as empresas estabelecidas e os distribuidores e varejistas etc.

Todos esses fatores, além de outros, constituem barreiras de ingresso que obrigam os novos pretendentes a criar um canal de distribuição totalmente novo, o que é impossível para muitas empresas, as quais acabam desistindo do negócio.

Desvantagens em custos independentes das economias de escala: independentemente das economias de escala, as empresas já estabelecidas no setor industrial podem ter vantagens em custos que dificilmente seriam igualadas pelos novos competidores. Entre estas vantagens, destacam-se:

a) tecnologia de produto patenteado: as empresas já estabelecidas muitas vezes mantêm a propriedade dos conhecimentos do produto ou de suas características de desenho mediante patentes ou segredos;

b) acesso favorável à matéria-prima: as empresas já estabelecidas podem ter contratado as melhores fontes de matéria prima, formando parcerias que constituem barreiras aos novos pretendentes;

c) curva de experiência: em muitos negócios existe a tendência de que os custos unitários diminuam na medida em que a empresa adquire e acumula experiência na elaboração de seus produtos. Os custos baixam devido a fatos tais como: os trabalhadores melhoram suas habilidades; a empresa aperfeiçoa seus métodos; melhora seu *layout*; obtém melhor rendimento dos equipamentos; as mudanças de *design* dos produtos tornam a produção mais fácil; o custo de comercialização se torna mais barato etc. Dessa forma, de maneira semelhante às economias de escala, as reduções de custo resultantes da experiência deixam os novos pretendentes em desvantagens.

Barreiras legais e governamentais: outra importante fonte de barreira de ingresso a novos competidores tem sua origem na política governamental. O governo pode limitar e/ou impedir o ingresso de empresas sujeitas a controles tais como requisitos para licença, limitações quanto ao uso de matéria-prima, prazos de validade dos produtos etc.

As indústrias sujeitas a controles e a restrições governamentais, tais como a de alimentos, de transporte urbano, de bebidas alcoólicas, de medicamentos etc., são exemplos de setores que enfrentam barreiras governamentais.

5. Ameaças de produtos substitutos

A ameaça de produtos substitutos ocorre quando outros produtos (ou serviços), aparentemente sem relação com o setor industrial, podem oferecer a mesma função aos atualmente existentes. Por exemplo, os CD-ROM representam uma ameaça para enciclopédias tradicionais.

Comentando a respeito da pressão dos produtos substitutos, Porter[12] destaca:

> "Quanto mais atrativo for o desempenho de preços alternativos oferecidos pelos produtos substitutos, maior será a pressão sobre o potencial de lucros do setor [...] Os substitutos não somente limitam os lucros em tempos normais; eles também reduzem a prosperidade que um setor pode alcançar nos bons tempos. Em 1978, os produtores de isolamentos de fibra de vidro tinham uma demanda sem precedentes em função dos altos custos de energia e de invernos rigorosos. Mas a capacidade do setor para elevar os preços foi amortecida pela grande quantidade de produtos substitutos de isolamento, incluindo celulose, lã de vidro e isopor."

Porter destaca também que os produtos substitutos que merecem a máxima atenção são aqueles que (a) apresentam uma melhor relação em termos de desempenho e preço comparativamente aos demais produtos e (b) são produzidos por setores industriais com altos lucros. Nesse caso, em função da rentabilidade do setor, é mais frequente a entrada de produtos substitutos, o que provoca a redução de preço e melhoria de desempenho.

5.1.2 O desenvolvimento da estratégia competitiva

Após a análise e a avaliação das cinco forças competitivas, é importante diagnosticar o efeito da ação conjunta que estas produzem sobre a concorrência do setor industrial em questão. Dessa forma, após o seu diagnóstico, a empresa está em posição de identificar suas fortalezas e suas debilidades em função do meio no qual compete.

Assim, a partir do conhecimento de seus pontos fortes e de seus pontos fracos em função do setor em que atua, a empresa poderá desenvolver sua **estratégia competitiva**, que compreende uma ação ofensiva ou defensiva com o fim de criar uma posição defensível contra as cinco forças. Ditas ações, segundo Porter,[13] compreendem três objetivos básicos:

---

[12] PORTER, op. cit., 1994b, p. 43-44; PORTER, Michael E. Como as forças competitivas moldam a estratégia. In: MONTGOMERY; PORTER, op. cit., 1998, p. 20-21.

[13] PORTER, op. cit., 1994b, p. 49-50.

a) posicionar a empresa de tal maneira que suas capacidades permitam uma melhor posição defensiva em função das cinco forças competitivas;

b) influenciar o equilíbrio de forças através de manobras estratégicas, melhorando assim a posição relativa da empresa; e

c) antecipar as mudanças nos fatores fundamentais das forças competitivas e responder com rapidez ante elas, desenvolvendo uma estratégia adequada ao novo equilíbrio antes que os competidores o façam.

O primeiro enfoque (*posicionamento da empresa*) se dá através de uma análise da estrutura do setor industrial e da adequação dos pontos fortes e pontos fracos da empresa a esta estrutura. A estratégia, nesse caso, deve ser formulada com a finalidade de criar defesas contra as forças competitivas, ou encontrar uma posição no setor industrial onde as forças sejam mais fracas.

No segundo caso (*influência sobre o equilíbrio das forças*), a empresa deve formular estratégias que tomem a ofensiva. Esta postura deve ser "desenhada" não somente para adaptar-se às forças competitivas, senão para alterar as suas causas. Por exemplo: as inovações mercadológicas podem elevar a identificação com a marca ou com diferenciação dos produtos; os investimentos de capital em instalações a grande escala e a diversificação horizontal[14] afetam as barreiras de entrada etc.

No terceiro caso (*antecipação de mudanças*), a empresa deve ficar atenta às constantes mudanças do setor industrial onde está situada; identificar as mais significativas e que mais afetam a estrutura do setor onde compete; prever a magnitude dessas mudanças e formular estratégias competitivas adequadas às novas tendências.

Para enfrentar com êxito as cinco forças competitivas e obter um rendimento superior, as empresas desenvolveram diferentes métodos. Entretanto, em um nível mais amplo, Porter[15] identifica três estratégias genéricas que devem ser utilizadas para este fim: (1) a liderança em custos, (2) a diferenciação e (3) o enfoque.

Liderança em custos: essa estratégia consiste no desenvolvimento de políticas com o objetivo de lograr custos mais baixos do que os competidores e obter rendimentos maiores do que a média do seu setor industrial.

A posição de liderança em custos constitui uma forte defesa contra as cinco forças competitivas, permitindo à empresa maior amplitude de negociação. Para conseguir essa vantagem competitiva, entretanto, a empresa necessita manter uma elevada participação no mercado, além de outros fatores, tais como o aces-

---

[14] A **diversificação horizontal** se refere ao desenvolvimento de produtos novos para os consumidores atuais (apesar de não estarem tecnicamente relacionados) – ver Quadro 6.1.

[15] PORTER, op. cit., 1994b, p. 55-62.

so favorável às matérias-primas; a construção de instalações capazes de produzir grandes volumes de maneira eficiente; a diminuição dos custos das áreas de pesquisa e desenvolvimento, dos serviços, das forças de vendas, da propaganda etc.

Diferenciação: a diferenciação consiste na obtenção de vantagem competitiva através do oferecimento de um produto ou serviço que seja percebido como único. A diferenciação pode estar baseada em diferentes elementos, dentro dos quais destacam-se o desenho ou a imagem de marca, a tecnologia, o serviço ao cliente, a cadeia de distribuidores etc.

A estratégia de diferenciação proporciona uma posição de vantagem em relação aos concorrentes devido tanto à lealdade dos clientes como à menor sensibilidade ao preço, constituindo-se em uma forte barreira de entrada.

Enfoque: a estratégia de enfoque consiste na concentração de esforços para atender às necessidades de um segmento particular de mercado com o objetivo de servi-lo com mais eficácia do que os competidores. A segmentação pode apresentar-se por mercado geográfico, por tipo de cliente, ou por linhas de produto.

Enquanto as duas estratégias anteriores (liderança em custos e diferenciação) estão dirigidas para todo um setor industrial, a alta segmentação tem como objetivo apenas um segmento em particular, onde a empresa atuará de forma isolada contra a rivalidade competitiva.

Comentando sobre a implementação das três estratégicas genéricas, Porter apresenta uma série de requisitos necessários para este fim, os quais figuram no Quadro 5.3:

Quadro 5.3 *Requisitos para a implementação das três estratégias genéricas*

Estratégia genérica	Habilidades e recursos necessários	Requisitos organizacionais necessários
Liderança em custos	investimento constante de capital e acesso ao capital; habilidade em engenharia do processo; supervisão intensa da mão de obra; produtos desenhados para facilitar a sua fabricação; sistemas de distribuição de baixo custo.	rígido controle de custos; relatórios de controle frequentes e detalhados; organização e responsabilidades bem estruturadas; incentivos baseados no alcance de metas estritamente quantificadas.
Diferenciação	grande habilidade em comercialização; engenharia do produto eficiente; Instinto criativo; grande capacidade em pesquisa básica; reputação empresarial de liderança e de qualidade; grande tradição no setor industrial ou uma combinação de habilidades únicas derivadas de outros negócios; grande cooperação dos canais de distribuição.	grande capacidade de coordenação entre as funções de pesquisa e desenvolvimento, desenvolvimento do produto e comercialização; medições e incentivos subjetivos no lugar de medidas quantitativas; grande capacidade para manter os empregados motivados, altamente capazes e criativos.
Enfoque	combinação das capacidades anteriores dirigidas ao objetivo estratégico particular.	combinação das políticas anteriores dirigidas ao objetivo estratégico particular.

Fonte: Adaptado de PORTER.[16]

5.1.3 Além das cinco forças competitivas

Finalmente, é importante destacar também que, além das cinco forças competitivas discutidas por Porter, existem outros importantes componentes do ambiente operacional que também se caracterizam como fontes de oportunidades e ameaças, tais como: os sindicatos de trabalhadores, o governo (federal, estadual e municipal), as instituições financeiras, os veículos de comunicação em massa, os grupos de interesses especiais e os órgãos regulamentadores.

---

[16] Op. cit., 1994b, p. 61-62.

Os **sindicatos de trabalhadores**, ao representar os interesses de seus associados, em maior ou menor grau, afetam o comportamento e a atitude dos empregados em relação à empresa; o relacionamento superior subordinado; os índices de produtividade dos trabalhadores; as decisões relacionadas com a definição de salários e das condições gerais de trabalho oferecidas pela empresa etc.

O **governo**, tanto ao nível federal, como estadual e municipal, através da definição de suas prioridades, de seus programas de incentivos e de seus níveis de intervenção geralmente constituem oportunidades e/ou ameaças às empresas.

As **instituições financeiras**, como os bancos de desenvolvimento, os bancos comerciais, as companhias de seguro etc., muitas vezes desempenham um papel determinante no futuro da organização. As negociações tais como os financiamentos de longo prazo para a ampliação das instalações e/ou para a compra de máquinas e equipamentos; os empréstimos de curto prazo para financiar as operações correntes; a contratação de seguros etc. são atividades cruciais para as empresas.

Os **veículos de comunicação em massa**, tais como a televisão, os jornais e a mídia em geral, interferem sistematicamente na formação da opinião pública, afetando significativamente a imagem da empresa junto à comunidade.

Os **grupos de interesses especiais**, tais como os órgãos de defesa dos consumidores e as instituições que se dedicam à preservação da natureza, muitas vezes adquirem poder suficiente para impor mudanças nas estratégias adotadas pelas empresas.

Os órgãos regulamentadores, tais como o Instituto Nacional de Metrologia e Qualidade Industrial (Inmetro), o Banco Central e outras instituições vinculadas aos Ministérios da Saúde, da Indústria e Comércio e da Agricultura, através da normalização, da inspeção, da certificação e da fiscalização, interferem diretamente nas atividades empresariais e nos seus processos de formulação de estratégias.

5.2 AMBIENTE GERAL

O ambiente geral, também chamado de ambiente indireto, ou macroambiente, é o mais complexo dos segmentos ambientais. Seus limites ou fronteiras são de difícil delineamento, constituindo-se num conjunto de variáveis que afetam não apenas as organizações, mas a estrutura competitiva de cada um dos setores industriais existentes e a sociedade como um todo.

Assim, as influências do ambiente geral podem alterar significativamente a solidez de qualquer organização. Dessa forma, ainda que possa parecer "distante do seu cotidiano", a análise dos seus principais componentes, ou variáveis, constitui uma atividade extremamente importante para o sucesso do empreendimento. A sua realização permite a obtenção de informações necessárias para a definição do "curso de ação" que possa conduzir a empresa ao alcance dos resultados desejados.

As principais variáveis que compõem o ambiente indireto são:

Variáveis econômicas: as influências das condições econômicas sobre as empresas constituem o mais evidente dos exemplos da importância do ambiente indireto. Os fatores macroeconômicos alteram tanto as empresas como o atrativo do setor como um todo através do oferecimento de importantes ameaças e/ou oportunidades. Por exemplo: a desvalorização do real em relação ao dólar pode significar sérias ameaças às empresas cujas atividades dependem da importação de insumos. Ao mesmo tempo, significa uma grande oportunidade para aquelas que têm possibilidades de ampliar a exportação de seus produtos.

Outro exemplo nesse mesmo sentido ocorreu no início da década de 1990, quanto houve uma grande queda na taxa de inflação brasileira. Nessa ocasião a maioria das empresas se beneficiou com esse fato. Entretanto, as instituições financeiras (bancos), que tinham na alta inflação uma excelente fonte de lucros, passaram grandes dificuldades, chegando a fechar várias agências.

Entre os principais indicadores econômicos que devem ser observados pelas empresas se encontram:

a) taxa de inflação;

b) taxa de juros;

c) taxas de câmbio;

d) distribuição de renda;

e) balanço de pagamentos;

f) balanço comercial;

g) mercado de capitais;

h) estabilidade monetária;

i) reservas cambiais.

Variáveis políticas: os fatores políticos também se caracterizam como importantes fontes de oportunidades e ameaças às empresas. E, nesse sentido, um dos principais "atores" é o governo, que tanto em nível federal como estadual e municipal figura como componente do ambiente operacional e, ao mesmo tempo, do ambiente geral.

Além de interferir diretamente sobre o ambiente operacional das empresas através de suas definições de prioridades, de seus programas de incentivos e de seus níveis de intervenção, o governo também figura como um dos principais responsáveis pelo clima político vivenciado pelo país.

Sob o ponto de vista macroambiental, as influências das ações governamentais geralmente ultrapassam fronteiras, chegando a causar impactos sobre empresas de diferentes países. Por exemplo, a simples "troca" da palavra "deflação" por "desvalorização" pelo Presidente norte-americano George W. Bush, em uma entrevista concedida em fevereiro de 2002, causou pânico no mercado de câmbio. Esse fato certamente afetou inúmeras empresas de diferentes nacionalidades.

Além do governo, outros fatores, tais como os interesses e as disputas entre os partidos políticos, os resultados das eleições, a atuação das centrais sindicais etc., também figuram como importantes componentes do ambiente geral das organizações, podendo caracterizar-se como fontes relevantes de oportunidades e ameaças.

Variáveis legais: os fatores condicionantes que se originam das variáveis legais também se destacam como importantes componentes do ambiente indireto, uma vez que qualquer organização, independentemente de sua constituição jurídica, é obrigada a conviver com uma série de influências que têm suas origens nas leis vigentes.

Comentando sobre esse tema, Hall[17] diz que a importância das leis para as organizações é tão grande que muitas delas têm peritos legais em seus quadros de assessores, aos quais se encarregam, de maneira específica, a interpretação e a orientação que possa proteger a organização.

Quando se aprova uma nova lei, ou quando a legislação vigente sofre modificações, as empresas são, muitas vezes, obrigadas a realizar mudanças importantes para adaptar-se ao novo contexto e evitar possíveis restrições. Dessa forma, a legislação trabalhista, tributária, comercial etc. devem ser objetos de uma análise constante por parte das empresas.

Variáveis culturais: a cultura se refere às características que uma determinada sociedade adquire através da transmissão coletiva de crenças, de valores, de costumes, de padrões de comportamento etc. Assim, como parte integrante da sociedade, as organizações tanto influenciam como são influenciadas pelos padrões culturais predominantes.

Muitas vezes as organizações alcançam uma magnitude que lhes permite modelar os padrões vigentes. Entretanto, qualquer empresa, desde as pequenas até as mais poderosas, deve observar os valores culturais do meio em que está inserida. Esse fato é especialmente importante para aquelas que ampliam sua área de atuação, passando a operar no mercado internacional, onde a diversidade cultural é muito grande, quando comparada aos padrões brasileiros.

---

[17] HALL, Richard H. **Organizaciones**: estructuras, procesos y resultados. México: Prentice Hall, 1996, p. 225.

Variáveis sociais: dizem respeito às condições sociais da população que constitui o meio ambiente em que a empresa atua, e que também se caracterizam como uma importante fonte de ameaças e oportunidades.

A análise dessas condições inclui a verificação de fatores, tais como a estrutura socioeconômica, os níveis de qualidade de vida e as condições gerais da população em termos de educação, saúde, emprego, segurança pública etc.

Variáveis tecnológicas: a tecnologia se refere ao conjunto de conhecimentos (métodos, técnicas, processos, equipamentos, instrumentos etc.) utilizados para produzir bens e/ou serviços.

A velocidade com que ocorre o avanço tecnológico tem levado os administradores a adotar uma postura que vai muito além da simples preocupação de racionalizar os trabalhos e modernizar os equipamentos para obter o máximo rendimento.

Atualmente os efeitos causados pela rapidez com que ocorrem as mudanças tecnológicas tem se caracterizado como sérias ameaças às empresas que não conseguem manter-se constantemente atentas e em condições de se adaptarem para não se tornarem obsoletas. Por outro lado, a velocidade com que ocorre esse avanço pode significar grandes oportunidades para aquelas que têm capacidade para adquirir e/ou desenvolver a tecnologia necessária para se manterem constantemente atualizadas.

O impacto causado pelas mudanças tecnológicas podem afetar profundamente não apenas a organização, mas a própria estrutura do setor onde ela atua. Dessa forma, esta realidade gera oportunidades às empresas que são criativas e conseguem acompanhar o ritmo das mudanças e, ao mesmo tempo, representa barreiras àquelas que não apresentam tais condições.

Variáveis demográficas: composição da população e as suas características, tais como índice de natalidade, índice de mortalidade, crescimento demográfico, crescimento populacional, distribuição por idade, distribuição por sexo etc., também constituem um importante fator de análise por parte das organizações.

As influências desses fatores sobre as empresas podem ser bastante significativas, especialmente quando se está realizando atividades tais como estudo de localização de uma nova fábrica, análise da disponibilidade de recursos humanos, dimensionamento de mercado etc. Em situações como essas, torna-se evidente que a análise das variáveis demográficas também se caracteriza como importante fonte de ameaças e de oportunidades às empresas.

Variáveis ecológicas: finalmente, é importante destacar também que a sociedade contemporânea se caracteriza por uma crescente preocupação com o meio ambiente e a sua utilização pelo homem. Nesse sentido, a atuação do governo, dos partidos políticos, das instituições que se dedicam à preservação da natureza etc. vem transformando a ecologia em um fator ambiental cada vez mais importante.

Assim, a cada dia aumenta a responsabilidade pública das organizações no que diz respeito a utilização e manuseio do ambiente físico. Dessa forma, o "respeito à natureza" consolida-se cada vez mais como um importante fator a ser observado pelas empresas. Isto é, os consumidores e a sociedade em geral não esperam apenas produtos e serviços com qualidade, mas, também, que estes sejam produzidos e oferecidos por empresas cuja atuação possa ser vista como ecologicamente correta.

Cada um desses componentes, em maior ou menor grau, também pode caracterizar-se como possíveis fontes de ameaças e/ou oportunidades para a organização, exigindo que seus dirigentes estejam sempre atentos às mudanças ambientais e suas influências sobre a organização.

6
Posicionamento Estratégico da Organização

Para que a organização possa vir a se articular rumo aos objetivos pretendidos, é necessário que esta considere tanto as oportunidades e as ameaças ambientais como os seus pontos fortes e pontos fracos internos. Desse modo, dependendo do contexto externo e interno encontrado, a empresa deverá adotar um posicionamento estratégico com a finalidade de orientar a futura definição dos objetivos e das estratégias de ação necessárias.

O posicionamento estratégico, de acordo com Johnson e Scholes,[1] consiste em posicionar a empresa em relação às demais organizações que estão competindo pelos mesmos clientes, levando em conta uma série de fatores tais como (1) a análise dos competidores, (2) análise das semelhanças e das diferenças entre as estratégias adotadas pelas empresas concorrentes, (3) análise dos segmentos de mercado nos quais a empresa possa vir a ter maior possibilidade de êxito, (4) análise do potencial de crescimento do mercado onde a empresa atua e/ou pretende atuar e (5) análise da atratividade do mercado em função da posição competitiva das demais organizações.

O propósito de todas essas análises, segundo Johnson e Scholes, é facilitar a compreensão das oportunidades que podem ser aproveitadas, assim como das ameaças que devem ser superadas ou evitadas. Visa facilitar também a compreensão dos recursos básicos da organização que, sem dúvida, determinarão a escolha das estratégias adequadas.

---

[1] JOHNSON, Gerry; SCHOLES, Kevan. **Dirección estratégica:** análisis de la estrategia de las organizaciones. Madrid: Prentice Hall, 1996, p. 72.

Ansoff, Declerck e Hayes[2] comentam que o posicionamento estratégico da empresa consiste em um procedimento racional que envolve a busca de impulsos alternativos de crescimento no mercado e na avaliação da capacidade da empresa para tirar vantagem desses impulsos para atingir seus objetivos.

Nesta mesma linha de raciocínio, Tavares[3] menciona que o confronto entre a realidade interna e a externa é que irá permitir o delineamento de uma estratégia mais adequada à situação da empresa, e que proporcione o posicionamento competitivo pretendido.

Assim, neste capítulo a estratégia será conceituada como *o posicionamento da organização frente ao ambiente competitivo* (ou posicionamento estratégico), que implica na decisão de se localizar a empresa em determinado domínio em termos de produto/mercado. Esse posicionamento, entretanto, deve ser adotado levando-se em conta tanto o potencial dos recursos e das capacidades internas da empresa como as condições gerais frente ao ambiente competitivo.

Discutindo este tema, Menguzzato e Renau[4] comentam que existem diversas maneiras às quais se pode recorrer para construir uma tipologia de estratégias. Destacam também estes autores que entre as classificações mais utilizadas está a da estratégia segundo o ciclo de vida da empresa, conforme ilustra a Figura 6.1 a seguir.

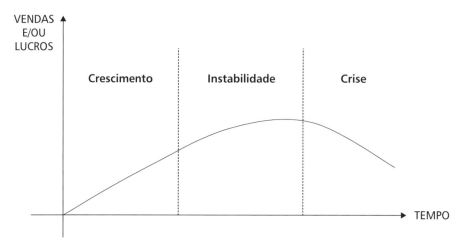

Fonte: MENGUZZATO e RENAU.[5]

Figura 6.1   *Ciclo de vida da empresa.*

---

[2]   ANSOFF, Igor H.; DECLERCK, Roger P.; HAYES, Robert. **Do planejamento estratégico à administração estratégica**. São Paulo: Atlas, 1981, p. 54.

[3]   TAVARES, Mauro Calixta. **Gestão estratégica**. São Paulo: Atlas, 2005, p. 290.

[4]   MENGUZZATO; RENAU, op. cit., 1992, p. 231-235.

[5]   MENGUZZATO; RENAU, op. cit., 1992, p. 232.

A Figura 6.1 mostra que o ciclo de vida da empresa está constituído por três fases: crescimento, instabilidade e crise. Contudo, é importante destacar que não necessariamente todas as empresas passarão por essas fases. O objetivo é justamente adotar um posicionamento estratégico que mantenha a empresa afastada das situações de instabilidade e crise. De qualquer forma, dependendo da fase em que se encontra a empresa, Menguzzato e Renau[6] sugerem que esta adote uma das seguintes posturas estratégicas: (a) estratégia de estabilidade e de sobrevivência, (b) estratégia de crescimento estável e (c) estratégia de crescimento real.

6.1 ESTRATÉGIAS DE ESTABILIDADE E DE SOBREVIVÊNCIA

As estratégias de estabilidade e de sobrevivência geralmente são utilizadas em caráter temporário por empresas cuja situação interna e/ou externa exige a tomada de decisões urgentes para eliminar (ou diminuir) os impactos negativos resultantes da supremacia dos pontos fracos sobre os pontos fortes e/ou da predominância das ameaças sobre as oportunidades.

Em função da situação desfavorável resultante dos impactos negativos oriundos do ambiente interno e/ou externo, a empresa precisará adotar medidas tais como a contenção de despesas e a redução de investimentos com a finalidade de reduzir a instabilidade ou buscar uma saída para a crise, conforme o caso.

Discutindo este tema, Menguzzato e Renau[7] destacam que é muito comum ocorrer casos em que, depois de uma etapa de crescimento mais ou menos duradoura, as empresas passem a enfrentar uma paulatina diminuição de suas cifras de vendas e uma instabilidade de seus lucros. As situações desse tipo podem ser motivadas por fatores externos, tais como endurecimento da concorrência, envelhecimento das atividades, mudança na situação econômica que provoca uma contração da demanda etc., e/ou por fatores internos, tais como falta de renovação de atividades, incremento nos custos, má gestão da equipe dirigente etc.

Nesta mesma linha de raciocínio, Tavares[8] comenta que situações como essas podem ser ocasionadas por fatores externos, tais como as recessões econômicas, as mudanças de hábitos e de estilo de vida dos seus consumidores, e principalmente quando ocorrem mudanças importantes nas regras competitivas. Internamente, fatores tais como a má gestão, a malversação de recursos, os conflitos de natureza sucessória, a luta pelo controle acionário, a ausência de uma clara definição

---

[6] MENGUZZATO; RENAU, op. cit., 1992, p. 233-238.

[7] MENGUZZATO; RENAU, op. cit., 1992, p. 234-235.

[8] TAVARES, op. cit., 2005, p. 290-291.

do negócio, da missão e da visão estratégica etc., poderão, de forma isolada ou combinada, produzir uma crise e colocar em risco a sobrevivência da empresa.

A austeridade necessária nestas ocasiões geralmente exige o desenvolvimento de *plano de emergência*,[9] cuja finalidade é identificar/diagnosticar a situação problema para que se possam conhecer as origens das dificuldades, com o intuito de programar um conjunto de medidas alternativas que possibilitem o retorno a uma situação favorável.

Contudo, na medida em que o desenvolvimento do plano de emergência passa a apresentar resultados positivos, a empresa poderá voltar ao seu curso normal. Isto é, se a situação de crise já tiver sido contornada, ou se a instabilidade já não exige medidas drásticas, os seus dirigentes poderão preparar a empresa para um futuro processo de crescimento estável ou real.

6.2 ESTRATÉGIAS DE CRESCIMENTO ESTÁVEL

A estratégia de crescimento estável é adotada por empresas que preferem continuar atuando com os mesmos produtos e/ou serviços nos mesmos mercados. Trata-se de uma postura estratégica defensiva que, com a finalidade de minimizar riscos, procura manter uma taxa de crescimento que se limita a acompanhar o desenvolvimento do seu mercado atual.

Segundo Menguzzato e Renau,[10] esta estratégia é utilizada por um grande número de empresas por uma série de motivos, destacando-se: (a) o desejo de manter uma estratégia que até o presente vem apresentando bons resultados, motivo pelo qual os dirigentes não veem razão para mudanças, principalmente quando o diretor da empresa é avesso a riscos, e (b) quando a cultura da empresa é fortemente arraigada e oferece resistência às mudanças, principalmente quando se trata de mudanças importantes motivadas por estratégias de crescimento rápido.

Discutindo este tema, Wright, Kroll e Parnell[11] comentam que a estratégia de crescimento estável se caracteriza pela intenção de manter quase as mesmas operações, sem buscar crescimento significativo nas receitas ou no tamanho da empresa. Comentam também esses autores que este tipo de estratégia geralmente é utilizada por empresas que atuam em um único setor, o que ocorre em função de quatro motivos principais: (1) em alguns casos isto ocorre porque a empresa é

---

[9] Ver no Apêndice um exemplo real de plano de emergência.

[10] MENGUZZATO; RENAU, op. cit., 1992, p. 233.

[11] WHIGHT, Peter; KROLL, Mark J.; PARNELL, John. **Administração estratégica:** conceitos. São Paulo: Atlas, 2000, p. 147.

obrigada a adotar a estratégia de crescimento estável porque opera em um setor que não cresce, ou cresce pouco; (2) em segundo lugar, é possível que se constate que o custo de expansão da participação no mercado, ou a entrada em novos mercados, venha a ser maior do que os benefícios potenciais que adviriam deste crescimento; (3) em terceiro lugar, ocorrem situações em que quando uma determinada empresa que domina o seu setor em virtude de sua vantagem competitiva e tamanho superior pode buscar a estabilidade para reduzir as chances de ser processada por realizar práticas de monopólio; (4) finalmente, muitas empresas pequenas preferem concentrar-se em produtos e/ou serviços especializados como alternativa para buscar a estabilidade, ou por temerem que o crescimento resulte na redução da qualidade ou em um pior atendimento ao cliente.

Além dos motivos anteriormente apontados, é comum ocorrer situações em que, embora a empresa pretenda empreender um processo de crescimento/diversificação, a mesma constata que no momento o seu potencial de recursos e de capacidades internas não apresenta condições para tal. Nesse caso, ainda que não seja necessário adotar medidas drásticas, os esforços de crescimento real ficam aprazados.

Em situações como esta, a empresa estará buscando formas alternativas para manter a posição conquistada até o momento e, ao mesmo tempo, estará tratando de identificar os possíveis impulsos de crescimento futuro. Assim, os administradores estarão preparando a empresa para quando for considerado conveniente o desencadeamento de um processo de crescimento/diversificação.

Como exemplo nesse sentido, pode ser utilizada a I-Protection, que é uma empresa localizada em Florianópolis, Santa Catarina, cuja missão é garantir a segurança pessoal e patrimonial de seus clientes.

Para cumprir tal finalidade, a empresa presta serviços de monitoramento 24 horas através de imagens em tempo real, atuando em edifícios e/ou condomínios residenciais e em empresas que queiram um mínimo de oito câmeras e que estejam localizadas em um dos seguintes bairros: Centro, Jurerê Internacional, Estreito, Coqueiros.

A determinação do tipo de cliente para os quais presta serviços, assim como a delimitação dos bairros da cidade onde a empresa atua, deve-se à sua atual capacidade tecnológica. Assim sendo, a I-Pretection adotou a estratégia de crescimento estável com a finalidade de firmar sua posição no mercado atual até que venha a ter capacidade tecnológica e recursos financeiros suficientes para adotar uma estratégia de crescimento real.

6.3 ESTRATÉGIAS DE CRESCIMENTO REAL

A estratégia de crescimento real é levada a cabo quando se detecta que tanto a situação interna como a externa se caracterizam pela supremacia dos impactos positivos sobre os negativos. Nesse caso, a empresa encontra-se em uma situação em que seus pontos fortes podem ser utilizados como fonte de diferenciação e vantagem competitiva, assim como também se detecta a existência de oportunidades capazes de serem aproveitadas.

Menguzzato e Renau[12] comentam que este tipo de estratégia é adotada por empresas que perseguem uma taxa de crescimento superior a dos mercados correspondentes às suas atividades, caracterizando-se como uma estratégia ofensiva, que pode resultar de fatores tais como: (a) quando os dirigentes veem-se motivados tanto pelo aumento de seu prestígio, como das retribuições resultantes do incremento das vendas e dos benefícios resultantes do crescimento da empresa; (b) quando o crescimento se caracteriza como um resultado, ou consequência, de uma boa *performance* da empresa; e (c) quando, em certos setores instáveis, o crescimento real se transforma em uma necessidade para garantir a sobrevivência da empresa.

Assim sendo, a estratégia de crescimento real sugere a adoção de uma postura mais ousada que se caracterize pelo desencadeamento de um processo de crescimento/diversificação que permita o estabelecimento de novas posições comerciais para a empresa.

6.4 POSICIONAMENTO ESTRATÉGICO, CRESCIMENTO E DIVERSIFICAÇÃO

A partir dos contextos interno e externo identificados e do posicionamento estratégico adotado pela empresa, é necessário decidir sobre como desencadear o processo de crescimento da organização.

Tanto no crescimento real como no estável, a empresa deve considerar as alternativas estratégicas necessárias para facilitar o direcionamento rumo ao futuro alternativo desejado. Para tanto, recomenda-se a utilização da abordagem pro-

---

[12] MENGUZZATO; RENAU, op. cit., 1992, p. 233.

posta por Ansoff,[13] e ou a proposta de Miles e Snow,[14] apresentadas nos Quadros 6.1 e 6.2.

Quadro 6.1   *Alternativas de crescimento/diversificação (Ansoff)*

CRESCIMENTO INTENSIVO	1. **Penetração de mercado:** consiste na tentativa de aumentar as vendas de seus produtos atuais no mercado atual, através de um marketing mais agressivo, o que inclui três possibilidades: (1) estimular os consumidores a aumentar a sua taxa atual de consumo oferecendo descontos, sugerindo novos usos etc.; (2) aumentar os esforços para atrair consumidores da concorrência; e (3) aumentar os esforços para atrair os não usuários.
	2. **Desenvolvimento de mercado:** consiste na tentativa de aumentar as vendas de seus produtos atuais em novos mercados, o que inclui duas possibilidades: (1) abrir mercados geográficos por meio de expansão regional, nacional ou internacional; e (2) tentar atrair outros segmentos de mercado desenvolvendo versões dos produtos que atrairiam estes segmentos, penetrando em outros canais de distribuição ou fazendo publicidade em outra mídia.
	3. **Desenvolvimento de produtos:** consiste na tentativa de aumentar as vendas com produtos novos ou aperfeiçoados para o mercado atual, o que inclui três possibilidades: (1) desenvolvimento de novas características para os produtos, tentando adaptar, modificar, minimizar, substituir etc.; (2) criar diversas versões de qualidade para os produtos; e (3) desenvolver modelos e tamanhos adicionais.
CRESCIMENTO INTEGRADO	1. **Integração para trás:** consiste na redução da dependência de fornecedores através da posse ou de controle sobre seus fornecedores, ou ainda quando a empresa decide produzir as matérias-primas de que necessita. Por exemplo, uma empresa que se dedica à confecção pode crescer através da compra ou da criação de uma malharia, de uma fiação etc.
	2. **Integração para frente:** consiste na tentativa de obter maior controle sobre os sistemas de distribuição, através da posse ou de controle sobre os intermediários, ou quando a empresa decide criar seu próprio sistema de vendas diretas aos consumidores, com canais de distribuição próprios.
	3. **Integração horizontal:** ocorre quando a empresa procura crescer através da compra ou do controle de concorrentes.

---

[13] ANSOFF, H. Igor. **Estratégia empresarial.** São Paulo: McGraw-Hill, 1977.

[14] MILES, Raymond E.; SNOW, Charles C. **Organizational strategy, structure and process.** Tokio: McGraw-Hill Kogakusha, Ltd., 1978.

CRESCIMENTO DIVERSIFICADO	1. **Diversificação concêntrica:** consiste no desenvolvimento de produtos novos com sinergia tecnológica ou de marketing. No caso da sinergia tecnológica, por exemplo, uma empresa que se dedica à produção de relógios digitais poderia utilizar a mesma tecnologia para fabricar calculadoras, jogos eletrônicos etc. Quanto à sinergia de marketing, uma empresa que produz motocicletas poderia produzir também jaquetas para motoqueiros, capacetes, luvas etc.
	2. **Diversificação horizontal:** consiste no desenvolvimento de novos produtos para consumidores atuais, apesar de não estarem tecnicamente relacionados. A *estratégia de diversificação horizontal* diferencia-se do *desenvolvimento de produtos* pelo fato de que, na diversificação horizontal, tanto os produtos quanto os benefícios deles resultantes são novos para a empresa.
	3. **Diversificação conglomerada:** consiste no desenvolvimento de novos produtos, sem qualquer relação tecnológica ou de marketing, para novas classes de consumidores. Nesse caso, a empresa passa a atuar em diferentes mercados, com uma gama de produtos diversos, destinados a diferentes tipos de clientes.

Fonte: Elaboração do autor a partir dos textos de Ansoff[15] e de Kotler.[16]

Quadro 6.2   *Estratégias organizacionais (Miles e Snow)*

ESTRATÉGIA DEFENSIVA	A estratégia defensiva é utilizada por organizações que possuem um estreito domínio de produto/mercado. A alta administração deste tipo de organização é altamente especializada em sua área de atuação e não se preocupa com a busca de oportunidades fora do seu domínio atual. Esse tipo de empresa raramente necessita fazer grandes ajustes em sua tecnologia, em sua estrutura ou nos seus métodos de operação. Pelo contrário, elas dedicam a sua maior atenção na constante melhora da eficiência das operações existentes.
ESTRATÉGIA EXPLORADORA	A estratégia exploradora é utilizada por organizações que se encontram constantemente buscando novas oportunidades de mercado e que regularmente estão experimentando responder às tendências emergentes do ambiente. Este tipo de organização gera, frequentemente, mudanças e incertezas, o que se traduz em vantagens competitivas frente a seus concorrentes. Entretanto, devido a grande atenção que prestam à inovação em termos de produto e mercado, não são, normalmente, muito eficientes para obter o máximo benefício possível de suas operações.

---

[15]   ANSOFF, op. cit., 1977.

[16]   KOTLER, op. cit., 1991.

ESTRATÉGIA ANALÍTICA	A estratégia analítica se apresenta em organizações que operam em dois tipos de domínio de produto/mercado: um relativamente estável, e outro instável. Na área estável, a empresa atua de maneira rotineira e eficiente através do uso de estruturas e processos formalizados. Na área mais turbulenta a alta administração observa atentamente a seus competidores e suas novas ideias e, rapidamente, adota aquelas que parecem mais promissoras.
ESTRATÉGIA REATIVA	As organizações que contam com estratégias reativas são aquelas cujos administradores percebem a ocorrência de mudanças e incertezas no ambiente, mas não possuem a habilidade necessária para responder eficazmente. Essas organizações carecem de uma consistente relação estrutura-estratégia e raramente fazem qualquer tipo de ajuste, até que são forçadas pelas pressões ambientais. Miles e Snow consideram que existem numerosas razões para esta situação, e destacam particularmente três: (1) a alta direção pode não haver articulado claramente a estratégia da organização; (2) a estrutura e os processos organizacionais utilizados não são adequados à estratégia utilizada; e (3) a administração tende a manter sua atual relação estrutura--estratégia apesar das mudanças e das exigências do ambiente.

Fonte: Elaboração do autor a partir do texto de Miles e Snow.[17]

---

[17] MILES; SNOW, op. cit., 1978.

7

Objetivos Estratégicos

7.1 CONCEITO E IMPORTÂNCIA DOS OBJETIVOS

Os objetivos, de maneira muito simples, podem ser definidos como uma situação futura desejada em função da qual devem ser empregados os recursos e dirigidos os esforços. Entretanto, quando se tratam de organizações, é necessário considerar que estas geralmente possuem objetivos múltiplos, os quais são determinados como resposta tanto às forças externas como às internas.

Desse modo, a partir da definição do negócio, da missão e da visão estratégica, assim como da identificação dos principais pontos fortes e pontos fracos internos, e das ameaças e oportunidades externas, os dirigentes da organização poderão especificar o que pretendem realizar em termos mais concretos. Isto é, *sabemos quem somos e para que existimos; entretanto, é necessário esclarecer para onde queremos e podemos ir, e qual o tamanho do passo que podemos dar,* o que exige a definição de objetivos.

Contudo, considera-se relevante destacar que, ainda que as fortalezas e as debilidades internas tenham sido identificadas, e que as principais forças de desenvolvimento e de deterioração advindas do ambiente externo tenham sido diagnosticadas, é importante lembrar que o planejamento estratégico é um processo dinâmico que exige a revisão constante. Isto é, cada uma de suas etapas, mesmo que já tenha sido concluída, não pode ser considerada como uma "missão cumprida", uma vez que as constantes mudanças internas e/ou externas exigem que as mesmas continuem sendo objeto de uma revisão permanente.

Contudo, a partir do que já foi realizado até este ponto, têm-se claro a caracterização do cenário do qual se originam os principais desafios que devem ser enfrentados, o que exige a definição dos objetivos estratégicos da organização.

Discutindo sobre este tema, Kast e Rosenzweig[1] afirmam que os objetivos organizacionais referem-se aos propósitos e condições desejadas que a organização busca como uma entidade individual. Argumentam também estes autores que o processo de fixação de objetivos, dependendo do tipo de organização, apresenta-se de maneira mais complexa ou mais simples. Em uma empresa, por exemplo, o estabelecimento de objetivos é menos complexo do que nas universidades, nos hospitais ou em outras organizações públicas. De qualquer maneira, a fixação de objetivos é vital para o funcionamento efetivo e eficiente da organização, uma vez que estes possuem muitas funções, tais como:

a) legitimar as atividades da organização na sociedade;

b) identificar os diversos grupos de interesses e a forma através das quais contribuem ou limitam as atividades da organização;

c) guiar as atividades ao enfocar a atenção e o comportamento em direções com os fins definidos;

d) conseguir o apoio de vários indivíduos e grupos nos esforços da organização;

e) figurar como padrão para que se possa avaliar a atuação da organização;

f) reduzir a incerteza no processo de tomada de decisões;

g) avaliar as mudanças como uma base para que a organização aprenda e se adapte;

h) dar uma base para o desenho estrutural e a fixação das limitações iniciais para determinar a estrutura apropriada;

i) servir de base para os sistemas de controle e planejamento que guiam e coordenam as ações da organização;

j) estabelecer uma base sistemática para motivar e recompensar os participantes pelo seu cumprimento (cumprimento dos objetivos organizacionais).

Para Etzioni,[2] as principais funções dos objetivos das organizações são: (1) como uma situação futura desejada, indicar uma orientação sobre os rumos que a

---

[1] KAST; ROSENZWEIG, op. cit., 1994, p. 190-195.

[2] ETZIONI, Amitai. **Organizações modernas**. São Paulo: Biblioteca Pioneira de Ciências Sociais, 1980, p. 13.

organização deve seguir, estabelecendo assim as linhas mestras para suas atividades; (2) constituem, também, uma fonte de legitimidade que justifica as atividades de uma organização e, na realidade, sua existência; (3) servem, igualmente, como padrões através dos quais o êxito de uma organização pode ser avaliado por seus membros ou por estranhos a ela. Finalmente, os objetivos servem, da mesma maneira, como unidades de medida para os estudiosos das organizações que tentam analisar sua produtividade.

Para a definição dos objetivos estratégicos, entretanto, considera-se importante destacar que, de acordo com Thompson,[3] os objetivos organizacionais, além de múltiplos, são definidos sob a influência de muitos indivíduos ou categorias diferentes. Por exemplo, os clientes poderão solicitar um novo tipo de serviço; os investidores poderão buscar um domínio mais seguro e mais proveitoso; os membros do ambiente poderão tentar definir o domínio da organização como ilegítimo; os membros de diferentes departamentos poderão ter pontos de vista contraditórios a respeito do futuro pretendido etc.

A este respeito, Perrow[4] destaca que os objetivos organizacionais podem ser vistos sob diferentes pontos de vista. Por exemplo: para a sociedade, a criação de uma empresa siderúrgica justifica-se pela produção de mercadorias necessárias; para os clientes, o objetivo de uma empresa pode ser a produção de um determinado tipo de aço e sua entrega no prazo previsto; para os investidores, a meta pode ser o pagamento de dividendos; para os executivos de alto nível, a finalidade da empresa pode ser a administração de uma organização estável e segura, onde seja possível prever com exatidão e onde não haja muita tensão; para um gerente de divisão, o objetivo pode ser o de fazer o melhor aço do mercado.

Nessa mesma linha de raciocínio, Wright, Kroll e Parnell,[5] destacam que os objetivos organizacionais são influenciados por uma diversidade de interesses, de diferentes *stakeholders*, tais como proprietários (acionistas), membros do conselho de administração, administradores, funcionários, fornecedores, credores, distribuidores e clientes, sendo que cada um destes enxerga a empresa de uma perspectiva diferente.

O Quadro 7.1 ilustra esta situação:

---

[3] THOMPSON, James D. **Dinâmica organizacional**: fundamentos sociológicos da teoria administrativa. São Paulo: McGraw-Hill, 1976, p. 154.

[4] PERROW, op. cit., 1976, p. 167.

[5] WHIGHT; KROLL; PARNELL, op. cit., 2000, p. 98-103.

Objetivos Estratégicos **89**

Quadro 7.1 *Objetivos gerais dos* stakeholders *da Kellogg*

Stakeholders	Objetivos
CLIENTES	Os clientes provavelmente desejariam que os objetivos gerais da Kellogg incluíssem o fornecimento de alimentos saudáveis e de qualidade e preços razoáveis.
PÚBLICO EM GERAL	O público em geral provavelmente desejaria que os objetivos gerais da Kellogg incluíssem o fornecimento de bens e serviços a custos mínimos (isto é, poluição), o aumento das oportunidades de trabalho e contribuição para causas filantrópicas.
FORNECEDORES	Os fornecedores provavelmente gostariam que os objetivos gerais da Kellogg incluíssem permanecer com eles a longo prazo e comprar deles a preços que permitissem aos fornecedores margens razoáveis de lucro.
FUNCIONÁRIOS	Os funcionários gostariam que os objetivos gerais da Kellogg incluíssem o oferecimento de boas condições de trabalho, compensações equitativas e oportunidade de promoção.
CREDORES	Os credores gostariam que os objetivos gerais da Kellogg incluíssem manter uma posição financeira saudável e uma posição de pagamento pontual de juros e capital.
DISTRIBUIDORES	Os vendedores no atacado e no varejo gostariam que os objetivos gerais da Kellogg incluíssem a permanência com eles a longo prazo e a venda para eles a preços que permitissem margens razoáveis de lucro.
ACIONISTAS	Os acionistas gostariam que os objetivos gerais da Kellogg fossem o aumento do retorno sobre o investimento que cada um fez.
CONSELHO DE ADMINISTRAÇÃO	Os membros do conselho gostariam que os objetivos gerais da Kellogg incluíssem sua manutenção nesses cargos e satisfação das demandas de outros *stakeholders*, de modo que os membros do conselho não ficassem sujeitos a processos.
ADMINISTRADORES	Os administradores gostariam de ter benefícios pessoais com a Kellogg. Outras metas da administração seriam expandir a participação de mercado da empresa no setor de cereais, fazer aquisições compatíveis e orientadas para o crescimento, aumentar a capacidade, melhorar a produtividade e lançar cereais em todo o mundo.

Fonte: Wright; Kroll; Parnell.[6]

Em virtude dessa diversidade de interesses, os dirigentes da organização enfrentam a difícil tarefa de procurar conciliar e satisfazer cada *stakeholder*. Contudo, a fixação dos objetivos estratégicos da organização deve constituir um processo

---

[6] WHIGHT; KROLL; PARNELL, op. cit., 2000, p. 100.

7.2 O PROCESSO DE FIXAÇÃO DE OBJETIVOS ESTRATÉGICOS

Em função da grande variedade de organizações e de suas atividades, e da multiplicidade e complexidade de seus objetivos, tal como se discutiu anteriormente, torna-se difícil definir objetivos e conformá-los de maneira apropriada para todas as organizações. Da mesma forma, considera-se impossível apresentar um processo de fixação de objetivos que seja generalizável.

Sobre esse tema, Kast e Rosenzweig[7] comentam que:

> "o processo de fixação de objetivos é frequentemente uma combinação de enfoques racionais e deterministas, e de negociação e adaptação. Ainda que todas as organizações expressem formal ou informalmente objetivos determinados, o processo de fixação de objetivos é um intercâmbio complexo de forças e limitações internas e externas".

Nesse mesmo sentido, Etzioni[8] argumenta que, ainda que os objetivos organizacionais sejam geralmente fixados em um complicado jogo de poder que inclui diversos indivíduos e grupos, dentro e fora da organização, estes devem ser definidos como "as situações futuras para as quais se dirige a maioria dos recursos da organização e os compromissos dos participantes e que têm nítida prioridade em casos de conflitos com os objetivos estabelecidos, mas que controlam poucos recursos".

Dessa forma, levando-se em conta a importância da fixação de objetivos para o êxito das organizações, vários autores têm realizado esforços neste sentido, apresentando classificações (ou categorias) para os objetivos organizacionais, como por exemplo, Perrow,[9] que apresenta cinco categorias de objetivos organizacionais, a saber:

- **objetivos da sociedade**, cujo ponto de referência é a sociedade em geral e as suas necessidades. Por exemplo: produzir bens e serviços, manter a ordem pública, criar e manter valores culturais etc.;

---

[7] KAST; ROSENZWEIG, op. cit., 1994, p. 194.

[8] ETZIONI, op. cit., 1980, p. 15-17.

[9] PERROW, Charles B. **Análise organizacional**: um enfoque sociológico. São Paulo: Atlas, 1976, p. 167-168.

- **objetivos de produção**, cujo ponto de referência é o público que mantém contato direto com a organização e que busca os seus produtos ou serviços, isto é, os consumidores;

- **objetivos de sistemas**, cujo ponto de referência é o estado ou a maneira de funcionar da organização, independentemente dos bens ou serviços que produz e dos objetivos que resultam daí. Por exemplo, ênfase no crescimento, na estabilidade, no lucro etc.;

- **objetivos de produtos**, cujo ponto de referência são os bens ou serviços produzidos e suas características básicas, tais como a qualidade, a variedade, o estilo, a disponibilidade, a originalidade etc.;

- **objetivos derivados**, cujo ponto de referência são os usos que a organização faz do poder originado da consecução de outros objetivos. Por exemplo: metas políticas, serviços comunitários, desenvolvimento profissional, política de investimentos e localização de instalações, de maneira a afetar a economia e o futuro de comunidades específicas.

Comentando a respeito de sua própria classificação, Perrow afirma que o esquema sugerido não é tão claro quanto se podia desejar; entretanto, sua finalidade principal é ilustrar a variedade de objetivos que as organizações complexas buscam concretizar.

De qualquer maneira, as categorias de objetivos são muito amplas, podendo variar muito, de acordo com o tipo de organização. Por exemplo, uma organização empresarial pode ter seus objetivos classificados como: (1) proporcionar satisfação às necessidades de bens e serviços à sociedade, (2) desenvolver habilidades e competências distintas que possam levar a organização a um desempenho superior em sua indústria, (3) maximizar a taxa de retorno sobre os investimentos etc. As organizações públicas, por exemplo, podem definir objetivos tais como contribuir para o enriquecimento da qualidade de vida da população através do oferecimento de serviços de transporte, segurança pública, recreação, cultura etc.

Uma outra abordagem sobre objetivos que, embora já tenha sido proposta há mais de 50 anos, ainda é muito referenciada por pesquisadores da área da estratégia empresarial é a de Drucker,[10] que sugere oito áreas-chave para as quais a organização deve formular objetivos: (1) posição de mercado, (2) inovação, (3) produtividade, (4) recursos financeiros e naturais, (5) lucratividade, (6) atuação e desenvolvimento de administradores, (7) desempenho e atitudes dos trabalhadores e (8) responsabilidade pública.

---

[10] DRUCKER, op. cit., 1981, p. 59-81 (primeira edição em inglês: *The practice of management*, 1955).

Posição de mercado: Drucker salienta que a posição de mercado deve ser medida em relação ao potencial de mercado e ao desempenho dos fornecedores concorrentes de produtos e serviços, sejam competidores diretos ou indiretos. Salienta também que, para estabelecer objetivos relacionados a esta área, a empresa necessita, antes de mais nada, saber quem é o cliente da empresa, onde ele está, o que compra, o que considera valor, quais são as suas necessidades não satisfeitas. Com base nessas informações, a empresa deve analisar seus produtos e serviços com a finalidade de verificar se estão de acordo com as necessidades dos consumidores que pretendem satisfazer.

Inovação: refere-se à inovação tanto nos produtos e/ou serviços como a inovação nas diversas habilidades e atividades necessárias para que a empresa possa oferecê-los. Assim, a inovação pode surgir tanto das necessidades do mercado consumidor como da necessidade de se aperfeiçoarem conhecimentos, métodos, técnicas e processos relacionados ao trabalho.

Produtividade: os objetivos relacionados à produtividade devem permitir a comparação/avaliação das diversas unidades de uma mesma empresa ou entre diversas empresas, tendo-se por base os recursos utilizados e o que estão produzindo.

Recursos financeiros e naturais: referem-se aos objetivos relacionados aos recursos necessários para o funcionamento da organização, tais como recursos financeiros, equipamentos, instalações, estoques de matéria-prima etc.

Lucratividade: os objetivos relacionados ao lucro servem de base para medir a eficácia da empresa e a solidez de seus esforços. Assim, o lucro se caracteriza como um teste definitivo para o desempenho da empresa, a qual deve tanto garantir a continuidade de seu funcionamento, como assegurar também uma futura provisão de capital para inovação e expansão.

Atuação e desenvolvimento de administradores: referem-se à definição de objetivos relacionados à qualidade do desempenho dos administradores, à sua capacidade de atingir objetivos, ao seu desenvolvimento pessoal e futuro e ao seu envolvimento com o *espírito da organização*.

Desempenho e atitudes dos trabalhadores: trata da definição de objetivos relacionados ao desempenho do pessoal não administrativo e suas atitudes em relação ao seu trabalho e à empresa. Para a definição de objetivos nesta área podem ser usados como base fatores tais como rotatividade, absenteísmo, segurança, consultas no departamento médico, sistemas de sugestões como participação, reclamações etc.

Responsabilidade pública: além do esforço empreendido para que os objetivos organizacionais sejam alcançados, a empresa deve, também, preocupar-se em tomar iniciativa no sentido de realizar o que é produtivo para a sociedade, contribuindo com a sua prosperidade.

Pelo que se discutiu até agora, ficou evidente que existe uma diversidade de perspectivas a respeito dos objetivos organizacionais. Contudo, recomenda-se que a fixação de objetivos estratégicos deve ser levada a cabo principalmente a partir do exame do negócio e da missão da organização, da visão estratégica, das informações obtidas a partir das análises interna e externa, e do posicionamento estratégico adotado, tal como ilustra a Figura 7.1:

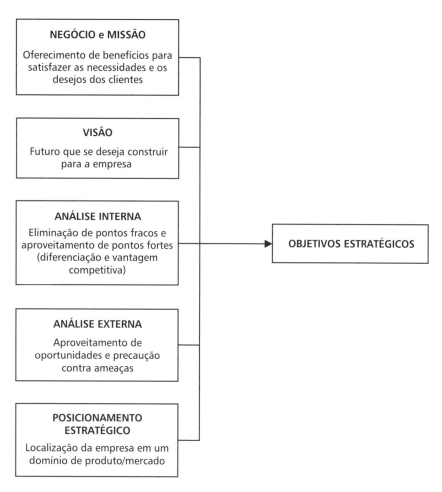

Fonte: Do Autor.

Figura 7.1   *O processo de fixação de objetivos estratégicos.*

A Figura 7.1 ilustra que, para a fixação de objetivos estratégicos da organização, os principais fatores que devem ser considerados são:

a) O **negócio** e a **missão** tratam dos benefícios que a empresa se propõe a oferecer com a finalidade de satisfazer as necessidades e/ou desejos de

94 Planejamento Estratégico • Andrade

seus clientes. Assim, devem ser observados como importantes elementos para a orientação sobre as decisões relacionadas ao desenvolvimento do composto de produtos e/ou serviços necessários para o cumprimento de tal finalidade.

b) A **visão estratégica** refere-se ao futuro alternativo que os dirigentes pretendem construir para a organização; dessa maneira, também constitui um fator decisivo para a definição dos objetivos estratégicos da organização.

c) A **análise interna**, a partir da qual podem ser formulados objetivos com o intuito tanto de se eliminarem os pontos fracos que atuam como inibidores da capacidade da empresa para cumprir suas finalidades, assim como para tirar o máximo proveito dos pontos fortes que se caracterizam como fonte de diferenciação e vantagem competitiva.

d) A **análise externa**, que pode servir de base para a definição de objetivos com a finalidade de precaver-se contra as ameaças, assim como para tirar o máximo proveito das oportunidades identificadas no ambiente externo.

e) O **posicionamento estratégico**, que indica o posicionamento da organização em termos de produto/mercado, levando-se em conta tanto o potencial de recursos e capacidades da organização como as condições gerais do ambiente competitivo onde a mesma está inserida.

Em termos mais específicos, recomenda-se que a partir da observação dos fatores anteriormente expostos, nesta etapa do processo de planejamento estratégico sejam formulados objetivos para cada uma das seguintes áreas-chave:[11] (1) gestão de clientes, que inclui os objetivos voltados à satisfação ou encantamento dos clientes; (2) produto, mercado e imagem, que tratam dos objetivos comerciais e da imagem da organização perante a sociedade; (3) organização, tecnologia e processos, cujos objetivos visam a racionalização administrativa e dos processos necessários ao alcance dos objetivos nas demais áreas; (4) gestão de pessoas, cujo foco são os integrantes da organização e o desenvolvimento constante de suas habilidades e comprometimento com a organização; e (5) finanças, cujos objetivos versam sobre as fontes de receitas necessárias para financiar todas as atividades da organização, assim como a geração de lucros.

A seguir, apresenta-se uma visão mais detalhada sobre cada uma destas áreas:

---

[11] As áreas-chave para a definição de objetivos, assim como os formulários sugeridos para o detalhamento dos objetivos, foram adaptados de: (1) KAPLAN, Robert S.; NORTON, David P. **A estratégia em ação:** balanced scorecard. Rio de Janeiro: Campus, 1997 e (2) por documentos fornecidos pela Fundação Dom Cabral.

Gestão de clientes: o sucesso ou fracasso de qualquer empresa resulta de vários fatores, destacando-se como um dos principais a sua capacidade para satisfazer ou encantar seus clientes. Dessa forma, para que seja possível conquistar e manter uma boa posição de mercado e obter uma lucratividade acima da média, é fundamental que se definam objetivos centrados nos clientes.

Para que a organização possa apresentar uma boa *performance* nessa área, sua preocupação deve ir muito além de simplesmente realizar meras operações de venda. Nesse sentido, recomenda-se que esta desenvolva um sistema de gestão de clientes que seja capaz de ajudar a empresa a "conquistar, sustentar e cultivar relacionamentos rentáveis e duradouros com os clientes-alvo". A gestão de clientes, segundo Kaplan e Norton,[12] consiste em quatro processos genéricos, os quais servem de base para a definição de objetivos estratégicos:

a) *Selecionar clientes:* identificar segmentos de clientes atraentes para a empresa, elaborar proposições de valor específicas a esses segmentos e criar uma imagem de marca que atraia clientes desses segmentos para os produtos e serviços da empresa.

b) *Conquistar clientes:* comunicar a mensagem ao mercado, atrair clientes potenciais e converter os clientes potenciais em clientes efetivos.

c) *Reter clientes:* garantir a qualidade, corrigir os problemas e transformar os clientes em "fãs ardorosos", altamente satisfeitos.

d) *Cultivar relacionamentos com os clientes:* conhecer os clientes, construir relacionamentos com eles, aumentar a participação da empresa nas atividades de compra dos clientes-alvo.

Produto, mercado e imagem: enquanto a área de gestão de clientes foca a pessoa (cliente e/ou usuário), procurando definir objetivos que possam resultar em sua satisfação ou encantamento, incluindo fatores tais como os anteriormente citados (seleção, conquista, retenção e relacionamento com clientes), a área de produto, mercado e imagem tem uma perspectiva comercial.

Desse modo, a área de produto, mercado e imagem trata da identificação dos clientes-alvo e da definição de objetivos relacionados a fatores tais como a participação no mercado; o volume de vendas que se pretende realizar; os produtos e/ou os serviços atuais que devem ser mantidos, inovados ou retirados do mercado; os novos produtos e/ou serviços que devem ser lançados; e a imagem da organização perante os clientes e perante a sociedade como um todo.

---

[12] KAPLAN, Robert S.; NORTON, David P. **Mapas estratégicos:** convertendo ativos intangíveis em resultados tangíveis. Rio de Janeiro: Campus, 2004, p. 109.

Em termos mais específicos, a área de produto, mercado e imagem trata de concretizar a missão através do oferecimento de produtos e serviços que possam caracterizar-se como os instrumentos necessários à satisfação dos clientes.

Organização, tecnologia e processos: nessa área, devem ser definidos objetivos que visem à racionalização administrativa e dos processos necessários ao alcance dos objetivos nas áreas de gestão de clientes e de produto, mercado e imagem. Para isso recomenda-se que se observem inicialmente alguns fatores propostos por Kaplan e Norton,[13] e que podem ser utilizados como indicadores para a formulação de objetivos na área de organização, tecnologia e processos:

a) *Desenvolvimento e sustentação de relacionamentos com os fornecedores,* o que inclui objetivos que visem:

- a redução do custo resultante de atividades tais como a aquisição de materiais e serviços (pedido, recebimento, inspeção, armazenamento e movimentação);

- o desenvolvimento de capacidade de fornecimento *just-in-time,* levando-se em conta fatores tais como: prazo decorrido entre o pedido e o recebimento; porcentagem de entregas pontuais; porcentagens de entrega em atraso e porcentagem de pedidos entregues pelos fornecedores diretamente no processo de produção;

- o desenvolvimento de capacidade de fornecimento de alta qualidade, observando-se fatores tais como: porcentagem de defeitos no recebimento de pedidos; porcentagem de fornecedores qualificados que dispensam inspeção no recebimento e porcentagem de pedidos recebidos com perfeição;

- a introdução de inovações propostas pelos fornecedores;

- a formação de parcerias com fornecedores;

- a terceirização de produtos e serviços maduros e não essenciais.

b) *Produção de produtos e serviços,* incluindo-se objetivos tais como:

- reduzir os custos de produção;

- melhorar continuamente os processos;

- melhorar a capacidade de resposta dos processos, com base em fatores tais como o tempo decorrido do início ao fim da produção e o tempo em que o produto é efetivamente processado;

---

[13] KAPLAN; NORTON, op. cit., 2004, p. 67-80.

- melhorar a utilização dos ativos fixos, com base em fatores tais como a porcentagem da capacidade utilizada, e o número e a porcentagem de paralisações;

- melhorar a eficiência do capital de giro, a partir da observação de fatores tais como o prazo médio de estoques e a porcentagem de faltas no estoque.

c) *Distribuição de produtos e serviços aos clientes*, incluindo objetivos tais como:

- redução do custo de atividades tais como a armazenagem e a entrega aos clientes;

- redução do prazo decorrido entre o pedido e a entrega;

- aumento do percentual de entregas pontuais;

- redução do percentual de itens entregues com defeitos;

- redução do número de reclamação por parte dos clientes.

Além dos fatores propostos por Kaplan e Norton, na área de organização, tecnologia e processos devem ser, também, definidos objetivos relacionados a aspectos organizativos, tais como a estrutura organizacional, a departamentalização e a divisão do trabalho. Da mesma forma, devem ser contemplados outros fatores tais como a inovação tecnológica, a melhoria de processos de natureza burocrática e o funcionamento geral da empresa.

Gestão de pessoas: nessa área, devem ser definidos objetivos que visem a melhoria constante dos conhecimentos e das habilidades dos indivíduos que compõem a organização, assim como a qualidade de vida e o grau de motivação que deve ser desenvolvido para servir de base para o alcance dos objetivos das demais áreas.

A este respeito, Kaplan e Norton[14] comentam que é fundamental definir padrões claros na gestão de recursos humanos, reconhecendo que são as pessoas que influenciam de maneira mais significativa a competitividade da empresa. Nesse sentido, propõem-se alguns fatores adaptados do que apresentam os referidos autores, e que podem ser utilizados como indicadores para a definição de objetivos para a área de gestão de pessoas:

a) definição de objetivos que possam garantir a manutenção da estabilidade das operações utilizando-se fatores como o planejamento de sucessão através da identificação de pessoal-chave e da melhoria das perspectivas de carreira;

---

[14] KAPLAN; NORTON, op. cit., 2004, p. 23-24.

b) definição de objetivos direcionados à melhoria da competência de gerenciamento de risco, assim como competências críticas para todos os profissionais integrantes da organização;

c) definição de objetivos que visem à melhoria do ambiente de trabalho, o incentivo ao trabalho em equipe, a garantia da segurança e da equidade, não se admitindo discriminação de qualquer espécie (raça, sexo, idade ou nacionalidade);

d) definição de objetivos que visem à melhoria das práticas dos sistemas de remuneração pelo desempenho.

Finanças: definir objetivos relacionados às fontes de receita e aos valores necessários para financiar os produtos e os serviços estabelecidos nas áreas de produto/mercado e imagem e qualidade para o cliente, assim como para financiar as demais atividades necessárias nas áreas de tecnologia e processos e gestão de pessoas (faturamento e lucro).

Nessa área devem ser definidos os objetivos relacionados às fontes de receita e aos valores necessários para o financiamento de todas as atividades desenvolvidas nas demais áreas, assim como para garantir o retorno sobre o capital investido e a lucratividade da empresa. Kaplan e Norton[15] apresentam alguns fatores que podem ser utilizados como indicadores para a formulação de objetivos nesta área:

a) tornar-se líder em custo no setor através da observação de fatores tais como a comparação com o custo por unidade dos concorrentes; a porcentagem de redução anual no custo por unidade de produto e a porcentagem de variação no custo orçado;

b) maximizar o uso dos ativos existentes através da melhoria de fatores tais como o índice de vendas/ativos, o giro de estoque, o caixa disponível, a eficiência dos investimentos, a porcentagem de faturas pagas no vencimento etc.;

c) aumentar as receitas através do aumento na participação das compras realizadas pelos clientes existentes;

d) aumentar as receitas decorrentes de novos clientes.

O Quadro 7.2 apresenta alguns exemplos de objetivos estratégicos definidos a partir das áreas chave anteriormente citadas: (1) gestão de clientes, (2) produto, mercado e imagem, (3) organização, tecnologia e processos, (4) gestão de pessoas e (5) finanças.

---

[15]   KAPLAN; NORTON, op. cit., 2004, p. 84-85.

Quadro 7.2   *Objetivos estratégicos da empresa*

Área	Objetivos Estratégicos
Gestão de clientes	1. aumentar o nível de satisfação dos clientes; 2. ampliar a carteira de clientes; 3. melhorar o relacionamento empresa-cliente.
Produto mercado e imagem	4. aumentar o volume de vendas; 5. melhorar a imagem da empresa perante a sociedade.
Organização, tecnologia e processos	6. melhorar a agilidade e a eficiência dos processos administrativos e de vendas; 7. melhorar a eficiência do relacionamento empresa-fornecedores; 8. aumentar a eficiência dos processos de produção.
Gestão de pessoas	9. melhorar a qualificação profissional e a dedicação dos empregados.
Finanças	10. aumentar a lucratividade.

Fonte: Do Autor.

Finalmente, considera-se importante destacar que os objetivos estratégicos são, inicialmente, definidos de uma forma muito genérica, constituindo amplas declarações a respeito das situações futuras desejadas pela empresa, o que implica a necessidade de sua tradução em metas mais específicas. Assim, ao longo dos diferentes níveis hierárquicos da organização, os objetivos estratégicos deverão ser traduzidos em objetivos operacionais e em ações específicas para sua consecução, tal como se apresenta no capítulo seguinte.

8

Planos de Ação

Com o desenvolvimento do planejamento estratégico a empresa estará adotando um novo estilo de gestão, podendo vir a possibilitar a criação de um futuro alternativo desejado.

Contudo, para que esse processo possa trazer resultados efetivos, o que acontece em longo prazo, torna-se necessário o seu desdobramento em planos mais detalhados (planos de ação) – enquanto o planejamento estratégico lida com questões de caráter geral, de abrangência ampla e voltada para o longo prazo, os planos de ação assumem características diferentes.

Estes lidam com as questões táticas e operacionais, voltadas para o médio e curto prazos, e procuram traduzir e moldar as decisões estratégicas em planos mais concretos, capazes de serem entendidos e executados dentro de uma linguagem mais detalhada e específica para cada um dos diversos setores que constituem a empresa.

Discutindo este tema, Costa[1] afirma que

> "um verdadeiro plano estratégico não estará pronto se não estiverem prontos os planos de ação [...]. Para cada objetivo e para cada meta, deve haver planos de ação para assegurar que as ações e os passos necessários para a

---

[1] COSTA, Elizier Arantes. **Gestão estratégica:** da empresa que temos para a empresa que queremos. São Paulo: Saraiva, 2007, p. 217-218.

implantação das estratégias combinadas sejam executadas e acompanhadas por pessoas previamente alocadas".

Nesse mesmo sentido, Vasconcellos Filho e Pagnoncelli[2] comentam que "a ponte entre a intenção e a realização é a ação. A estratégia nada significa até que se transforme em ação, e esta em resultados [...] o que deverá ser feito através dos planos de ação".

Dessa forma, com a finalidade de se produzirem resultados efetivos através da implementação do processo de planejamento estratégico, os planos de ação devem ser elaborados em consistência com a missão e com os objetivos estratégicos.

Assim sendo, de acordo com o modelo proposto a seguir, cada um dos objetivos estratégicos anteriormente formulados deverá ser desdobrado em planos mais detalhados, capazes de serem entendidos e executados dentro de uma linguagem mais detalhada e específica, através da definição de: (1) indicadores, (2) metas, (3) estratégias de ação, (4) responsável pelas ações, (5) prazo para o cumprimento das ações e (6) recursos financeiros necessários ao desenvolvimento de cada uma das ações, tal como se apresenta na Figura 8.1:

ÁREA: (1)						
OBJETIVO ESTRATÉGICO: (2)						
INDICADOR (3)	METAS (4)	ESTRATÉGIAS DE AÇÃO (5)	RESPONSÁVEL (6)	PRAZO (da ação) (7)		RECURSOS NECESSÁRIOS (8)
				INÍCIO	FIM	

Fonte: Do Autor.

Figura 8.1 *Formulário para o desenvolvimento de planos de ação.*

---

[2] VASCONCELLOS FILHO; PAGNONCELLI, op. cit., 2001, p. 313-314.

PREENCHIMENTO DO FORMULÁRIO	
CAMPO (1) ÁREA	Neste campo, indicar a área-chave à qual o objetivo estratégico se enquadra [(1) gestão de clientes, (2) produto, mercado e imagem, (3) organização, tecnologia e processos, (4) gestão de pessoas e (5) finanças.].
CAMPO (2) OBJETIVO ESTRATÉGICO	Indicar o objetivo estratégico a ser detalhado, por exemplo: • Aumentar o volume de vendas.
CAMPO (3) INDICADOR	Os indicadores são palavras-chave a partir das quais as metas podem ser definidas (ver exemplo na explicação de preenchimento do campo (4), a seguir).
CAMPO (4) METAS	As **metas** são os resultados fixados para o curto e médio prazos (cada uma das metas deve ser quantificada e ter um prazo estabelecido para o seu cumprimento, tal como aparece nos exemplos a seguir). Assim, neste campo devem ser incluídas uma ou mais metas, quantificando-as. Isto é, devem ser indicadas a quantidade e o prazo, por exemplo: *aumentar as vendas em 50% até dezembro de 2005.* Observações: Muitas vezes, para definir uma meta, basta quantificar o próprio objetivo, por exemplo: **Objetivo**: *aumentar o volume de vendas.* **Meta**: *aumentar o volume de vendas em 50% até dezembro de 2005.* Em determinadas ocasiões, não é possível definir metas simplesmente quantificando o próprio objetivo. Nesse caso, torna-se necessária a utilização de *indicadores,* que são palavras-chave a partir das quais as metas podem ser definidas, por exemplo: **Objetivo 1**: *aumentar o nível de satisfação dos clientes.* **Indicador 1**: *reclamação por parte de clientes.* **Meta 1**: *diminuir em 100% os motivos de reclamação por parte dos clientes até 15 de agosto de 2005.* **Objetivo 2**: *aumentar a motivação dos empregados.* **Indicador 2**: *absenteísmo.* **Meta 2**: *reduzir o absenteísmo em 80% até dezembro de 2005.*
CAMPO (5) ESTRATÉGIAS DE AÇÃO	Neste campo, devem ser indicadas as **estratégias de ação** necessárias para o cumprimento das metas, por exemplo: **Meta:** Melhorar o atendimento aos clientes até 15 de setembro de 2005. **Ação 1:** Promover cursos de treinamento para os vendedores. **Ação 2:** Reduzir o tempo de atendimento aos clientes.
CAMPO (6) RESPONSÁVEL (pela estratégia de ação)	Neste campo, deve ser indicado um **responsável** para cada uma das ações definidas. Este responsável estará encarregado de desenvolver um plano específico (plano operacional) para levar a cabo cada uma das ações sob sua responsabilidade.
CAMPO (7) PRAZO (da ação)	Indicar o prazo para cada uma das ações definidas: Indicar prazo de início e fim para cada uma das ações; É possível que existam ações que tenham prazo indeterminado. Neste caso, indicar o prazo de início e marcar o prazo final com um traço (–).
CAMPO (8) RECURSOS NECESSÁRIOS	Indicar neste campo o montante de recursos financeiros necessários para desenvolver cada uma das ações (refere-se ao custo total para desenvolver cada uma das ações).

Formulários – planejamento estratégico

ÁREA: Gestão de Clientes					
OBJETIVO ESTRATÉGICO: Aumentar o nível de satisfação dos clientes					
INDICADOR	METAS	ESTRATÉGIAS DE AÇÃO	RESPONSÁVEL	PRAZO	RECURSOS NECESSÁRIOS
Reclamações	Diminuir em 100 % os motivos de reclamação por parte dos clientes até novembro de 2008.	Devolver o dinheiro sempre que o cliente não estiver plenamente satisfeito (mesmo que o produto não apresente qualquer defeito).	Antônio Pereira (gerente de vendas)	Setembro 2008	R$ 3.000,00
Atendimento	Melhorar o atendimento aos clientes até dezembro de 2008.	Promover cursos de treinamento para os vendedores.	Ricardo Pereira (gerente de treinamento)	Agosto 2008	R$ 2.500,00
		Racionalizar/reduzir o tempo de atendimento aos clientes.	Antônio Pereira (gerente de vendas)	Outubro 2008	R$ 1.500,00
Serviços	Melhorar a gama de serviços à disposição dos clientes até setembro de 2008	Desenvolver um sistema de tratamento diferenciado aos clientes especiais.	Antônio Pereira (gerente de vendas)	Agosto 2008	R$ 1.800,00
		Oferecer descontos especiais para os clientes atuais que apresentarem novos clientes.	Antônio Pereira (gerente de vendas)	Agosto 2008	R$ 5.700,00

ÁREA: Gestão de Clientes					
OBJETIVO ESTRATÉGICO: Ampliar a carteira de clientes					
INDICADOR	METAS	ESTRATÉGIAS DE AÇÃO	RESPONSÁVEL	PRAZO	RECURSOS NECESSÁRIOS
Revendedores e distribuidores	Desenvolver relacionamentos com novos revendedores e distribuidores até dezembro de 2008.	Pesquisar/identificar novos revendedores e distribuidores para fechar contratos.	Antônio Pereira (gerente de vendas)	Novembro 2008	R$ 6.000,00
Nicho de mercado	Estar atuando em outros nichos de mercado até junho de 2008.	Visitar feiras de negócios para identificar novas oportunidades.	Cláudia Amorim (gerente de pesquisa mercadológica)	Maio 2008	R$ 13.000,00
		Criar uma imagem de marca que atraia clientes de novos segmentos para os produtos e serviços da empresa.	José da Silva (gerente de novos produtos)	Abril 2008	R$ 9.000,00

ÁREA: Gestão de Clientes					
OBJETIVO ESTRATÉGICO: Melhorar o relacionamento empresa-cliente					
INDICADOR	METAS	ESTRATÉGIAS DE AÇÃO	RESPONSÁVEL	PRAZO	RECURSOS NECESSÁRIOS
Clientes	Ampliar os conhecimentos a respeito dos clientes até dezembro de 2008.	Criar um arquivo (pasta por cliente) para registrar os atributos dos seus pedidos e de suas modalidades de pagamento para viabilizar um atendimento personalizado.	Cláudia Amorim (gerente de pesquisa mercadológica)	Setembro 2008	R$ 1.000,00
		Remeter correspondências regularmente com informações sobre os atuais e os novos produtos e serviços, condições de pagamento etc.	Antônio Pereira (gerente de vendas)	A partir de setembro 2008	R$ 2.000,00
		Remeter correspondências em ocasiões especiais (natal, ano-novo, aniversário etc.).	Antônio Pereira (gerente de vendas)	A partir de setembro 2008	R$ 2.000,00

Planos de Ação 105

ÁREA: Produto mercado e imagem					
OBJETIVO ESTRATÉGICO: Aumentar o volume de vendas					
INDICADOR	METAS	ESTRATÉGIAS DE AÇÃO	RESPONSÁVEL	PRAZO	RECURSOS NECESSÁRIOS
Volume de vendas	Aumentar o volume de vendas em 50% até dezembro de 2008.	Aumentar o número de produtos de 10 para 15 até 31 de março de 2009.	José da Silva (gerente de novos produtos)	Novembro 2008	R$ 9.000,00
		Desenvolver um projeto de lançamento de cinco novos produtos.	José da Silva (gerente de novos produtos)	Setembro 2008	R$ 1.800,00
Mercado (geográfico)	Expandir o mercado (geográfico) em 30% até 31 de outubro de 2008.	Desenvolver um projeto sobre novos mercados (geográfico).	Cláudia Amorim (gerente de pesquisa mercadológica)	Julho 2008	R$ 12.000,00

ÁREA: Produto mercado e imagem					
OBJETIVO ESTRATÉGICO: Melhorar a imagem da empresa perante a sociedade					
INDICADOR	METAS	ESTRATÉGIAS DE AÇÃO	RESPONSÁVEL	PRAZO	RECURSOS NECESSÁRIOS
Causas sociais	Criar uma imagem de empresa comprometida com as causas sociais até janeiro de 2009.	Identificar/classificar os principais problemas sociais da região.	Cláudia Amorim (gerente de pesquisa mercadológica)	Novembro 2008	R$ 2.000,00
		Desenvolver um projeto de apoio às necessidades e aos problemas sociais identificados.	Cláudia Amorim (gerente de pesquisa mercadológica)	Dezembro 2008	R$ 4.000,00

106 Planejamento Estratégico • Andrade

ÁREA: Organização, tecnologia e processos					
OBJETIVO ESTRATÉGICO: Melhorar a eficiência do relacionamento empresa-fornecedores					
INDICADOR	**METAS**	**ESTRATÉGIAS DE AÇÃO**	**RESPONSÁVEL**	**PRAZO**	**RECURSOS NECESSÁRIOS**
Fornecedores	Ampliar as parcerias com fornecedores em 50% até fevereiro de 2009.	Formar parcerias com novos fornecedores com capacidade de fornecimento *just-in-time*.	Marcos Antunes (gerente de materiais)	Novembro 2008	R$ 3.000,00
		Aumentar o volume de negócios e formar parcerias com fornecedores que apresentem a melhor relação qualidade, entrega e custo.	Marcos Antunes (gerente de materiais)	Dezembro 2008	R$ 5.000,00
		Terceirizar produtos e serviços não essenciais.	Marcos Antunes (gerente de materiais)	Novembro 2008	R$ 8.000,00

ÁREA: Organização, tecnologia e processos					
OBJETIVO ESTRATÉGICO: Aumentar a eficiência dos processos de produção					
INDICADOR	**METAS**	**ESTRATÉGIAS DE AÇÃO**	**RESPONSÁVEL**	**PRAZO**	**RECURSOS NECESSÁRIOS**
Tempo de produção	Diminuir em 30% o tempo médio decorrido entre o início e o fim da produção até fevereiro de 2009.	Substituir equipamentos obsoletos e/ou com eficiência abaixo da média.	Rogério Beltrame (gerente de produção)	Dezembro 2008	R$ 170.000,00
		Eliminar processos ineficientes e/ou que não agregam valor.	Rogério Beltrame (gerente de produção)	Dezembro 2008	R$ 4.000,00
		Racionalizar o fluxo e o *layout* da produção.	Rogério Beltrame (gerente de produção)	Janeiro 2009	R$ 3.000,00

ÁREA: Gestão de pessoas					
OBJETIVO ESTRATÉGICO: Melhorar a qualificação profissional e a dedicação dos empregados					
INDICADOR	**METAS**	**ESTRATÉGIAS DE AÇÃO**	**RESPONSÁVEL**	**PRAZO**	**RECURSOS NECESSÁRIOS**
Treinamento e reciclagem de pessoal	Ter 100% do quadro de pessoal treinado e reciclado até 30 de dezembro de 2008.	Fazer um levantamento de necessidades de treinamento.	Ricardo Pereira (gerente de treinamento)	Agosto 2008	R$ 4.000,00
		Desenvolver um plano de treinamento para 100% dos empregados.	Ricardo Pereira (gerente de treinamento)	Setembro 2008	R$ 3.000,00
		Executar plano de treinamento.	Ricardo Pereira (gerente de treinamento)	De outubro a novembro 2008	R$ 5.000,00
		Iniciar um programa de atualização permanente para os empregados.	Roberto Rosa (diretor de RH)	Outubro 2008	R$ 9.000,00
Absenteísmo	Reduzir o absenteísmo em 80% até fevereiro de 2009.	Rever o atual plano de carreira da empresa e introduzir melhorias que proporcionem um maior grau de motivação e de comprometimento por parte dos empregados.	Roberto Rosa (diretor de RH)	Novembro 2008	R$ 6.000,00
		Iniciar um programa de participação nos resultados.	Roberto Rosa (diretor de RH)	Janeiro 2009	R$ 15.000,00
		Desenvolver e implantar um projeto de melhoria do ambiente de trabalho (físico e de relacionamento).	Roberto Rosa (diretor de RH)	Dezembro 2005	R$ 9.000,00

ÁREA: Finanças					
OBJETIVO ESTRATÉGICO: Aumentar a lucratividade					
INDICADOR	METAS	ESTRATÉGIAS DE AÇÃO	RESPONSÁVEL	PRAZO	RECURSOS NECESSÁRIOS
Lucratividade	Aumentar a lucratividade em 30% até 30 de novembro de 2008.	Diminuir o tempo de aprovação do crédito de clientes de cinco para dois dias.	Mariza Pereira (gerente de crédito e cobrança)	Agosto 2008	R$ 1.000,00
		Concluir as obras da nova loja.	Mauro Pereira (diretor administrativo/ financeiro)	Outubro 2008	R$ 190.000,00
		Iniciar vendas através de cartões de crédito.	Mariza Pereira (gerente de crédito e cobrança)	Agosto 2008	R$ 1.000,00
		Iniciar uma campanha de marketing (propaganda e mala direta com os clientes).	Antônio Pereira (gerente de vendas)	Setembro 2008	R$ 7.500,00

9
Planejamento Estratégico em Diferentes Contextos

9.1 TIPOLOGIAS ORGANIZACIONAIS

Para que o processo de planejamento estratégico possa apresentar resultados eficientes, torna-se necessária a consideração das características peculiares da organização na qual se pretende implementá-lo, o que exige uma análise das diferentes categorias existentes.

É evidente que cada uma das organizações existentes em nossa sociedade é diferente de todas as outras (não existem duas organizações iguais). Entretanto, ainda que não haja qualquer esquema que possa ser considerado como definitivo, é comum classificá-las, ou categorizá-las, em função de determinadas características que são comuns entre elas.

Desse modo, para fins de análise, alguns estudiosos fazem distinção entre a propriedade pública ou privada, outros as classificam em categorias lucrativas e não lucrativas, alguns as distinguem segundo o seu tamanho, ou segundo seu setor social, como educativo, agrícola, saúde etc. (Blau; Scott;[1] Hall[2]).

---

[1] BLAU, Peter M.; SCOTT, W. Richard. **Organizações formais:** uma abordagem comparativa. São Paulo: Atlas, 1979.

[2] HALL, op. cit., 1996.

Entre as classificações, ou tipologias, das organizações que têm se destacado na literatura específica se encontram as desenvolvidas por Parsons, Etzioni, Blau e Scott e Mintzberg, as quais, em resumo, se apresentam a seguir:

A **tipologia de Parsons**,[3] apresenta uma classificação das organizações segundo as contribuições que estas oferecem à sociedade, distinguindo quatro tipos de organizações:

a) As **organizações orientadas para a produção**, que se dedicam à fabricação de produtos e à prestação de serviços para a sociedade. A principal função dessas organizações é econômica, ainda que possam desenvolver outros tipos de objetivos.

b) As **organizações orientadas para metas políticas**, cujas finalidades são assegurar que a sociedade possa alcançar as metas que considera valiosa, e gerar e distribuir poder dentro da sociedade. Entre estas se incluem muitas organizações governamentais, os sindicatos de trabalhadores e outras organizações que se dedicam à defesa de interesses de outros grupos.

c) As **organizações integradoras**, cujos propósitos são a solução de conflitos e a criação de motivações para responder a certas expectativas sociais. Nessa classificação se incluem o sistema de corte e os hospitais que possibilitam o mecanismo que responde às necessidades sociais para a atenção médica.

d) As **organizações de manutenção de padrões**, tais como as que exercem atividades culturais ou educacionais, cuja finalidade é preparar as pessoas para o desempenho de seus papéis em outras organizações e na sociedade em geral. As igrejas e as escolas são exemplos deste tipo de organização.

A **tipologia de Etzioni**[4] apresenta uma classificação das organizações segundo o tipo de poder que estas aplicam sobre os participantes: *poder coercitivo,* que reside na aplicação ou ameaça de aplicação de sanções físicas ou castigo; *poder da remuneração,* que se baseia no controle sobre os recursos materiais e recompensas tais como o salário, comissões, ou outros benefícios e o *poder normativo,* que reside na distribuição e na manipulação de recompensas simbólicas.

---

[3] PARSONS, Talcott. **O sistema das sociedades modernas**. São Paulo: Pioneira, 1974, p. 44-47.

[4] ETZIONI, Amitai. **Análise comparativa de organizações complexas**: sobre o poder, o engajamento e seus problemas. Rio de Janeiro: Zahar, 1974, p. 53-102.

A maioria das organizações, segundo Etzioni, emprega todos os três tipos de poder, mas o grau em que cada um destes é utilizado é diferente de uma organização para outra. Assim, esta classificação apresenta os seguintes tipos de organização:

a) As **organizações coercitivas**, que são as entidades onde a coerção é o principal meio de controle sobre os participantes dos níveis mais baixos. Ditos participantes são, em geral, alheios aos objetivos da organização. Os casos mais típicos de organizações coercitivas são os campos de concentração, as instituições penais e os hospitais de custódia mental.

b) As **organizações utilitárias** são aquelas em que a recompensa (remuneração) é o principal meio de controle sobre os membros dos níveis mais baixos. Os participantes deste tipo de organização contribuem com uma participação calculada em função dos benefícios que podem receber. Nessa categoria se incluem as organizações industriais e comerciais.

c) As **organizações normativas**, tais como as igrejas, os mosteiros e os conventos, são entidades onde a maioria dos participantes dos níveis mais baixos tem um alto grau de compromisso com a organização e com as suas metas, o que possibilita o predomínio do controle moral e das recompensas simbólicas.

A **tipologia de Blau e Scott**[5] apresenta uma classificação das organizações baseada nos benefícios que estas proporcionam a determinadas categorias de beneficiários, a saber: os membros participantes diretos da organização; os proprietários ou dirigentes; os clientes e o público em geral.

O argumento de Blau e Scott é que, dependendo do tipo de organização, uma das quatro categorias será a principal beneficiada. Desse modo, as organizações estão classificadas em:

a) **Associações de benefício mútuo**, cujos principais beneficiários são os próprios membros da organização, tais como os sócios e outros participantes diretos. Nesta tipologia se incluem as organizações tais como os partidos políticos, as associações profissionais, os sindicatos etc.

b) **Organizações comerciais**, que incluem as empresas privadas, onde predomina a finalidade lucrativa e os principais beneficiados são os proprietários.

c) **Organizações de serviço**, que são aquelas cujos principais beneficiados são as pessoas que mantêm contato direto com elas, e com quem

---

[5] BLAU; SCOTT, op. cit., 1979, p. 54-74.

e para quem seus membros trabalham. Esta categoria inclui as escolas, os hospitais, as igrejas e as agências sociais.

d) **Organizações de bem-estar público**, que são aquelas que beneficiam o público em geral, e não somente as pessoas que mantêm contato direto com elas. Entre os exemplos mais típicos desta categoria se encontram o exército, o corpo de bombeiros, as instituições jurídicas e penais etc.

Como última ilustração, apresenta-se a **tipologia de Mintzberg**,[6] cuja classificação apresenta as organizações segundo os diversos mecanismos através dos quais elas conseguem a coordenação ou se estruturam para atender às diversas contingências que enfrentam, apresentando a seguinte classificação:

a) **Organizações empreendedoras**, que se referem às pequenas empresas, caracterizadas por uma estrutura informal, onde as atividades principais giram em torno do diretor geral (geralmente o proprietário), que exerce o controle pessoalmente através da supervisão direta.

b) **Organizações maquinais**, que são aquelas caracterizadas por sistemas altamente padronizados, com procedimentos formais e com trabalho especializado.

c) **Organizações diversificadas**, que são aquelas formadas por diversas entidades semiautônomas, com uma ampla delegação de autoridade, tais como as multinacionais.

d) **Organizações profissionais**, que se caracterizam pelo fato de que grande parte do poder fica a cargo de profissionais altamente treinados, tais como os hospitais e as universidades.

e) **Organização inovadora**, ou adhocracia, cujo contexto se caracteriza por um ambiente altamente complexo e dinâmico, como é o caso de organizações industriais tais como a aeroespacial.

f) **Organizações missionárias**, que são aquelas dominadas por uma cultura forte, cujos membros compartilham valores e crenças comuns, tal como ocorre em determinadas ordens religiosas.

g) **Organizações políticas**, que se caracterizam pela carência de mecanismos de coordenação ou de formas estáveis de centralização ou descentralização do poder.

---

[6] MINTZBERG, Henry. La estructuración de las organizaciones. In: MINTZBERG, Henry; QUINN, James Brian. **El proceso estratégico**: conceptos, contextos y casos. México: Prentice Hall, 1993a, p. 370-392; MINTZBERG, Henry. **Mintzberg y la dirección**. Madrid: Diaz de Santos, 1991, p. 107-297.

A partir das tipologias organizacionais anteriormente apresentadas, e principalmente a partir da proposta de Mintzberg, discute-se a aplicação do planejamento estratégico em: pequenas e médias empresas; grandes empresas; organizações maquinais; organizações profissionais; organizações governamentais e em organizações sem fins lucrativos.

Antes de se discutir a aplicação do processo de planejamento estratégico nestes diferentes contextos, entretanto, é necessário apresentar os conceitos de estratégias deliberadas, emergentes e deliberadamente emergentes.

9.2 A CONCEPÇÃO EMERGENTE DE ESTRATÉGIAS

Conforme se discutiu anteriormente, o planejamento estratégico é de responsabilidade de nível institucional, envolvendo assim decisões globais e de longo prazo, cuja finalidade principal é estabelecer um senso de direção para os caminhos alternativos futuros que a organização poderá seguir. Tais decisões geralmente são instituídas através de um processo formal e de cima para baixo, sendo posteriormente desdobrado em planos táticos e operacionais que tratam de detalhar as ações de médio e curto prazos.

Sob esta ótica, o conceito de estratégia está vinculado a um processo de planejamento formal, que é conscientemente deliberado para abordar situações específicas com a finalidade de atingir os objetivos desejados pela organização. Para Mintzberg,[7] esta definição tem duas características essenciais: as estratégias são elaboradas antes das ações em que serão aplicadas e se desenvolvem de maneira consciente e com um propósito determinado.

Discutindo entre a intenção (ou desejo) estratégico e a sua efetiva realização, Mintzberg e Waters[8] argumentam que há uma clara distinção a ser feita entre a deliberação e a emergência de estratégias.

Na realidade, ao elaborar seus processos de planejamento, as organizações definem objetivos e deliberam estratégias com a finalidade de alcançá-los. Entretanto, para que as estratégias deliberadas proporcionem a plena realização do que foi estabelecido como desejado, ao menos três condições são necessárias:

---

[7] MINTZBERG, Henry. Las cinco Ps de la estrategia. In: MINTZBERG, H.; QUINN, J. B. **El proceso estrategico**: conceptos, contextos y casos. México: Prentice Hall, 1993b, p. 14-22.

[8] MINTZBERG, Henry; WATERS, James A. Of strategies, deliberate and emergent. **Strategic Management Journal**, 6, p. 257-272, 1985.

a) Deve existir uma *intenção precisa* na organização, articulada em um nível relativamente concreto de detalhes que não deixem dúvidas sobre o que foi desejado e as ações que se fazem necessárias.

b) As ações coletivas devem ter um *significado comum* para praticamente todos os "atores" – a "intenção organizacional" deve ocorrer de forma clara e controlada.

c) Esta intenção coletiva deve ser *realizada exatamente como foi desejada*, o que significa que forças externas (mercado, tecnologia, política etc.) não podem interferir com ela. Isso significa que o ambiente deve ser perfeitamente previsível, totalmente conhecido ou, ao menos, deve estar sob o controle da organização.

Estas condições constituiriam uma "alta ordem" que permitiria uma perfeita deliberação de estratégias; contudo, é pouco provável que se dê tal situação; o que ocorre, de fato, é que algumas estratégias intencionalmente definidas obtêm êxito, enquanto outras, não. Ao mesmo tempo, outras estratégias, sem intencionalidade, desenvolvem-se.

A propósito, Mintzberg[9] afirma que uma estratégia pode surgir inesperadamente em resposta a uma situação de mudanças ou se pode provocar deliberadamente, por meio de um processo de formulação seguido pela implementação. Na prática, é claro, toda elaboração de estratégia anda sobre dois pés, um deliberado e outro emergente.

A Figura 9.1 ilustra a afirmação de que, na realidade, entre as estratégias propostas, algumas são realizadas, e outras não. Entretanto, outras sem intencionalidade emergem.

Fonte: Adaptada de Mintzberg.[10]

Figura 9.1 *Estratégias deliberadas e emergentes.*

---

[9] MINTZBERG, Henry. Crafting Strategy, **Harvard Business Review**, p. 66-75, July/Aug. 1987.

[10] Op. cit., 1993.

A Figura 9.1 mostra que, de fato, nenhuma organização possui estratégias absolutamente deliberadas ou absolutamente emergentes. No primeiro caso, se estaria impedindo a aprendizagem, e no segundo, se estaria impedindo o controle. Chegando-se ao limite, nenhum dos dois enfoques é muito sensato.

As organizações são muito diferentes umas das outras, sendo possível gerar uma variedade de tipos de estratégia que podem caracterizar-se como *deliberadas, emergentes* ou *deliberadamente emergentes.*

As estratégias deliberadas são aquelas formalmente definidas e que integram o plano estratégico formal da empresa. As emergentes são as que surgem espontaneamente a partir do fato de que os processos formais de planejamento não são plenamente "seguidos ao pé da letra". Quanto às deliberadamente emergentes, são aquelas que ocorrem quando os dirigentes atrasam propositalmente as decisões para "forçar a emergência" de estratégias.

9.3 O PLANEJAMENTO ESTRATÉGICO EM PEQUENAS E MÉDIAS EMPRESAS[11]

As pequenas e médias empresas, na maioria das vezes, possuem uma estrutura simples, com pouco *staff* (ou nenhum), e que apresenta pouca divisão do trabalho e uma pequena hierarquia administrativa.

Essas empresas se caracterizam também por atuar em um ambiente que é ao mesmo tempo simples e dinâmico, e por ter atividades que giram em torno de um diretor geral. Este diretor, que geralmente é o proprietário, exerce o controle pessoalmente através da supervisão direta (*nada acontece sem que ele saiba como, por que e quanto vai custar*).

Nessas organizações, o processo de planejamento geralmente é levado a cabo de uma maneira informal e centralizada, onde a pessoa que controla a organização é capaz de impor sua ótica ou óticas. Sua implementação ocorre de maneira desarticulada, mas fortemente controlada pelo diretor geral (ou proprietário), que, em regra geral, coloca sua empresa em um "nicho" protegido do ambiente (esta situação é mais comumente encontrada em novas e/ou pequenas empresas nas quais o controle pessoal é factível).

---

[11] As características do processo de planejamento estratégico em diferentes contextos (pequenas e médias empresas; grandes empresas; organizações maquinais; organizações profissionais; organizações governamentais e em organizações sem fins lucrativos) aqui apresentadas foram desenvolvidas, principalmente, a partir de MINTZBERG, op. cit., 1991, e JOHNSON; SCHOLES, op. cit., 1996.

Nessas empresas, o processo de formulação de estratégias ocorre de maneira relativamente deliberada, mas estratégias novas podem emergir na medida em que a visão do líder é pessoal e pode mudar completamente, adaptando-se a um novo caminho.

9.4 O PLANEJAMENTO ESTRATÉGICO EM GRANDES EMPRESAS

As grandes empresas muitas vezes são formadas por uma série de entidades semiautônomas (unidades de negócio) que interatuam mediante uma estrutura administrativa central. Cada uma dessas entidades, entretanto, possui uma ampla delegação de autoridade, parecendo um negócio independente, podendo desenvolver seu próprio processo de planejamento estratégico a partir das orientações gerais da matriz da corporação.

Dessa forma, os processos de planejamento neste tipo de organização se aproximam dos conceitos de *estratégia guarda-chuva* e *estratégia processo*.[12]

Na *estratégia guarda-chuva*, a liderança central tem somente um controle parcial das ações dos membros da organização: define os objetivos estratégicos e os limites dentro dos quais deverão atuar os outros atores. Os líderes estabelecem tipos de "*guarda-chuvas*" sob os quais as ações da organização devem ser desenvolvidas, em função do que as estratégias são parcialmente deliberadas e parcialmente emergentes.

Essa estratégia também pode ser considerada "deliberadamente emergente", no sentido de que a liderança central, intencionalmente, cria as condições sob as quais as estratégias podem emergir.

Quanto à *estratégia-processo* (ou processo da estratégia), tem alguma semelhança com a estratégia guarda-chuva. A diferença básica é que, ao invés de tomar o controle estratégico pelo nível geral, através de limites ou metas, a liderança controla aspectos do processo de estratégia (por exemplo: contratos, estrutura etc.), exercendo influência indireta. Dessa maneira, o verdadeiro conteúdo da estratégia é deixado para os outros atores (unidades de negócio). Aqui, as estratégias são, de novo, parcialmente deliberadas e, em parte, emergentes e deliberadamente emergentes.

---

[12] Conceitos extraídos de MINTZBERG; WATERS, op. cit., 1985.

9.5 O PLANEJAMENTO ESTRATÉGICO EM ORGANIZAÇÕES MAQUINAIS

As organizações maquinais são aquelas que se caracterizam pela configuração de atributos, tais como: predomínio de uma tecnoestrutura encarregada de *desenhar* sistemas padronizados; procedimentos formais; tarefas altamente especializadas, de rotina; poder para tomar decisões relativamente centralizado; estrutura administrativa com uma clara distinção entre linha e *staff*, e geralmente atuam em um ambiente estável. O McDonald's e os Correios são exemplos típicos deste tipo de organização.

Os processos de planejamento desenvolvidos neste tipo de organização são levados a cabo sob a forma de planos formalmente instituídos e articulados por uma liderança central. As intenções dos dirigentes são tão precisas quanto possível, e sua implementação é apoiada por sistemas de controles formais que têm por objetivo evitar as surpresas e as distorções – o plano para desenvolvimento das estratégias é elaborado sob a forma de orçamentos e programas para guiar comportamentos em um ambiente controlável e previsível; essas estratégias são muito deliberadas.

9.6 O PLANEJAMENTO ESTRATÉGICO EM ORGANIZAÇÕES PROFISSIONAIS

As organizações profissionais são aquelas onde os trabalhos complexos e as principais tarefas operacionais são realizadas por profissionais altamente especializados que possuem elevado grau de autonomia sobre suas próprias atividades. Ditos profissionais não somente controlam o seu próprio trabalho, como também adquirem muito controle coletivo sobre as decisões administrativas que os afetam. De forma drasticamente distinta da organização maquinal, onde predomina o poder de natureza hierárquica (ou poder do cargo), na organização profissional predomina a autoridade de natureza profissional (poder do conhecimento). Os exemplos mais típicos deste tipo de organização são os hospitais e as universidades, onde cada uma das diversas unidades possui a autonomia suficiente para desenvolver o seu próprio processo de planejamento estratégico.

A maneira através da qual os processos de planejamento e formulação de estratégias são levados a cabo nestas organizações se aproxima dos conceitos de *estratégia desarticulada* e de *estratégia consenso*.[13]

---

[13] Conceitos extraídos de MINTZBERG; WATERS, op. cit., 1985.

O primeiro caso (*estratégia desarticulada*) ocorre quando se analisa a organização como um todo, onde se verifica que geralmente não há coesão entre as diversas subunidades, ou entre os seus membros com o resto da organização. Os atores atuam livremente e geram padrões a partir de suas próprias ações em função de interesses particulares e/ou dos interesses da subunidade onde atuam.

As estratégias desarticuladas podem ser "relativamente emergentes", sob a perspectiva da organização como um todo. Mas, sob a perspectiva das subunidades, ou dos indivíduos envolvidos, claramente, podem ser deliberadas ou emergentes, dependendo da prévia intenção existente.

Quanto às *estratégias consensos*, são aquelas originadas de ajustes mútuos entre os vários membros da organização. Na ausência de intenções centrais da empresa, muitos atores convergem para o mesmo tema, ou padrão, objetivando que este chegue a "penetrar" na organização. Tais estratégias são, em grande parte, emergentes.

Em função dessas características, nas organizações profissionais é praticamente impossível haver um único processo de planejamento estratégico desenvolvido de cima para baixo, e controlado pela cúpula administrativa. Na realidade, a alta administração exerce atividades de natureza normativa, deliberativa, consultiva e de supervisão geral, tendo cada uma de suas diversas unidades a autonomia suficiente para desenvolver seu próprio processo de planejamento estratégico.[14]

9.7 O PLANEJAMENTO ESTRATÉGICO EM ORGANIZAÇÕES GOVERNAMENTAIS

Nesse tipo de organização, o governo se caracteriza como proprietário ou como acionista majoritário, sendo assim fortemente influenciadas por suas considerações políticas e ideológicas. Desse modo, os processos de planejamento desenvolvidos nas organizações governamentais necessitam estar "afinados" com as prioridades definidas pelos governantes.

As organizações governamentais caracterizam-se também por exercer, na maioria das vezes, atividades essenciais à sociedade, geralmente em situação de monopólio. Dessa forma, essas organizações normalmente não necessitam subme-

---

[14] Para analisar este tema com maior profundidade, ver ANDRADE, Arnaldo Rosa de. Gestão estratégica de universidade: análise comparativa de instrumento de planejamento e gestão. In: EnANPAD, 27, 2003, Atibaia, **Anais...**, e ANDRADE, Arnaldo Rosa de. **Las instituciones universitarias como organizaciones complejas**: análisis comparativo de instrumentos de planificación y gestión, 2003, 264 p. Tese (Doutorado em Administración y Dirección de Empresas) – Departament d'Organitzaciò d'Empreses, Universitat Politècnica de Catalunya, Barcelona.

terem-se às regras do jogo de mercado, o que gera características tais como uma reduzida consequência para o fracasso e uma reduzida motivação para satisfazer as necessidades dos consumidores e/ou usuários.

Pelo fato de serem dependentes das políticas do governo, os seus objetivos podem mudar rapidamente, de acordo com os rumos das políticas governamentais predominantes.

As estratégias nessas organizações são parcialmente deliberadas, em função das influências governamentais, e parcialmente emergentes.

9.8 O PLANEJAMENTO ESTRATÉGICO EM ORGANIZAÇÕES SEM FINS LUCRATIVOS

As organizações sem fins lucrativos se caracterizam pelo fato de que a ideologia e os valores subjacentes possuem um significado estratégico essencial, uma vez que os valores e as expectativas de diferentes grupos (*stakeholders*) exercem papel importante em seu desenvolvimento estratégico.

A formulação de estratégias nestas organizações é fortemente influenciada pelos grupos que a financiam. Grande parte destas organizações preocupa-se mais com a eficiência dos recursos do que com a eficácia dos serviços, o que gera dificuldades para o desenvolvimento de um processo de planejamento estratégico eficaz (a principal preocupação de seus dirigentes muitas vezes é "conseguir manter a organização funcionando").

As estratégias nestas organizações são parcialmente deliberadas e parcialmente emergentes.

10 Estruturas Organizacionais: Componentes e Fatores Contextuais

Para que as organizações possam desenvolver seus sistemas de planejamento e atingir os objetivos desejados, é necessário distribuir tarefas a seus membros; regulamentar procedimentos e relações de trabalho; distribuir autoridade entre os diferentes níveis hierárquicos; estabelecer mecanismos de coordenação e controle etc. Isto é, é necessário dotar a organização de uma estrutura organizacional, que, de uma forma simples, Kast e Rosenzweig[1] definem "como o padrão estabelecido de relações entre os componentes ou partes da organização".

As organizações, entretanto, variam em seu grau de complexidade, de formalização, de centralização do poder etc. Além disso, elas enfrentam diferentes restrições do ambiente. Assim, não há forma que possa ser considerada a mais adequada para configurar sua estrutura e melhorar sua eficiência, uma vez que seu desenho depende do contexto da organização.

De qualquer maneira, o caminho para o entendimento das organizações complexas passa pela análise de sua estrutura organizacional, que, de acordo com Hall,[2] servem a três funções:

a) antes de tudo, as estruturas têm a intenção de elaborar produtos organizacionais e atingir produtos organizacionais;

---

[1] KAST; ROSENZWEIG, op. cit., 1994, p. 244.

[2] HALL, op. cit., 1996, p. 53.

Estruturas Organizacionais: Componentes e Fatores Contextuais **121**

b) em segundo lugar, as estruturas são desenhadas para minimizar, ou pelo menos regular, a influência das variações individuais sobre a organização. As estruturas são impostas para assegurar que os indivíduos se ajustem aos requisitos da organização, e não o contrário;

c) por último, as estruturas são o ambiente onde se exercita o poder (também as estruturas fixam ou determinam que postos tem poder em primeiro lugar), onde se tomam decisões (o fluxo de informação que entra em uma decisão está determinado em grande parte pela estrutura) e onde se desenvolvem as atividades organizacionais – a estrutura é arena para as ações organizacionais.

Assim, dada a importância da estrutura organizacional, apresenta-se a seguir uma visão geral a respeito de seus principais componentes e seus principais fatores contextuais.

10.1 OS COMPONENTES ESTRUTURAIS DAS ORGANIZAÇÕES

Ao contrário do que ocorre nas organizações, as pequenas empresas frequentemente têm seus processos de planejamento, gestão e controle caracterizados pela informalidade. Entretanto, na medida em que aumenta o volume de negócios e a empresa cresce, seus dirigentes geralmente passam a sentir maior necessidade de melhorar a eficiência de seus processos de controle, de racionalizar a distribuição das tarefas entre seus membros, de criar departamentos especializados etc. Desse modo, estas passam a aproximar-se cada vez mais do conceito de organização burocrática.

As organizações burocráticas, segundo Motta e Pereira,[3] são aquelas que se caracterizam pelo caráter racional, pela formalização, pela impessoalidade e por serem dirigidas por administradores profissionais.

Um dos trabalhos mais importantes a respeito desse tema foi desenvolvido nas primeiras décadas de século XX por Weber,[4] o qual estudou a burocracia, como organização, apresentando as seguintes características:

---

[3] MOTTA, Fernando C. Prestes; PEREIRA, Luiz C. Bresser. **Introdução à organização burocrática**. São Paulo: Brasiliense, 1981, p. 24-38.

[4] WEBER, Max. **Economía y sociedad**. México: Fondo de Cultura Económica. v. 1, 1969, p. 173-178 (primeira edição em alemão: *Wirtschaft und Gesellschaft*, 1922), e WEBER, Max. **Ensaios de sociologia**. Rio de Janeiro: Zahar, 1979, p. 229-231.

a) caráter legal das regras e normas administrativas instituídas intencionalmente (por escrito), que descansam no princípio da racionalidade e que governam as ações e as decisões oficiais da organização;

b) divisão racional do trabalho através da distribuição das atividades de forma fixa como deveres oficiais adequados aos objetivos da organização;

c) autoridade limitada através da atribuição de poderes específicos;

d) caráter impessoal nas relações. Os subordinados obedecem aos superiores não por atenção a sua pessoa, senão que obedecem às ordens impessoais; e somente estão obrigados à obediência dentro da competência limitada, racional e objetiva;

e) princípio da hierarquia, ou ordenação de autoridades fixas com faculdades de regulamentação e inspeção (ordenação de mando e subordinação);

f) profissionalização dos participantes. Para que se logre a racionalidade e a eficiência somente participam do quadro administrativo os funcionários qualificados profissionalmente;

g) princípio da separação plena entre o quadro administrativo e os meios de administração e produção;

h) procedimentos padronizados. As regras (normas ou técnicas) determinam as maneiras segundo as quais os funcionários devem proceder para levar a cabo as suas atividades.

Comentando a respeito dessas características, Hall[5] afirma que "se todos estes componentes estão presentes em um grau elevado, é o tipo ideal de burocracia". Entretanto, afirma também Hall que, na prática, as organizações variam muito a respeito dessas características. Isto é, enquanto determinadas organizações podem estar *mais próximas* das características acima citadas, outras estão *muito distantes.*

Segundo Perrow,[6] "todas as organizações complexas e de grande porte apresentam as características que Weber atribuiu à burocracia, ainda que em graus variados". Comenta também Perrow que a forma ideal, entretanto, nunca é plenamente realizada pelo menos por três razões:

a) a forma ideal tenta (com otimismo) realizar o que é sempre impossível – eliminar todas as influências extraorganizacionais indesejadas sobre o comportamento de seus membros. O problema é que, ainda que os

---

[5] HALL, op. cit., 1996, p. 54.

[6] PERROW, op. cit., 1976, p. 83.

interesses organizacionais não sejam ambíguos, as pessoas não podem existir somente para a organização;

b) o tipo ideal também falha quando mudanças rápidas em algumas tarefas organizacionais são requeridas. As burocracias estabelecem rotinas e tarefas estáveis com base na eficiência organizacional. Sem tarefas estáveis não é possível estabelecer uma divisão do trabalho, adquirir habilidades e experiência, estabelecer sistemas de planejamento formal e coordenação etc. Mas quando mudanças semelhantes são frequentes e rápidas, a eficiência da burocracia não pode ser realizada;

c) a burocracia em sua forma ideal não alcança suas expectativas porque as pessoas possuem diferentes níveis de inteligência, de capacidade, e tampouco são super-homens.

Recentemente outros autores[7] apresentaram novas contribuições a respeito das características das organizações. Entre os componentes estruturais investigados por ditos autores se encontram: (1) a formalização, (2) a diferenciação e a integração, (3) a centralização e a descentralização, (4) a coordenação e (5) o controle.

Esses elementos, dependendo da magnitude e da complexidade da organização, podem assumir formas diferenciadas (mais simples ou mais complexas); entretanto, suas características em termos gerais são:

10.1.1 A formalização

A formalização se refere ao uso de regras e normas administrativas e à padronização das atividades da organização. Na tentativa de assegurar o cumprimento de seus objetivos de maneira eficiente, as organizações costumam, em maior ou em menor grau, padronizar os procedimentos de seus membros e atribuir-lhes as tarefas que devem ser realizadas. Dita padronização/formalização é levada a cabo através do estabelecimento de mecanismos tais como as normas de conduta; a regulamentação das relações de mando e subordinação; a criação de processos internos conscientemente elaborados e a distribuição de atividades de uma forma racional e planejada.[8]

---

[7] Ver, por exemplo: HALL, op. cit., 1996; KAST; ROSENZWEIG, op. cit., 1994; LAWRENCE, Paul R.; LORSCH, Jay W. **O desenvolvimento de organizações:** diagnóstico e ação. São Paulo: Edgard Blücher, 1972; LAWRENCE, Paul R.; LORSCH, Jay W. **As empresas e o ambiente:** diferenciação e integração administrativas. Petrópolis: Vozes, 1973, e PFEFFER, Jeffrey **Organizaciones y teoría de las organizaciones**. México: Fondo de Cultura Económica, 1992.

[8] BLAU; SCOTT, op. cit., 1979; MENGUZZATO; RENAU, op. cit., 1992; MERTON, Robert K. Estrutura burocrática e personalidade. In: ETZIONI, Amitai. **Organizações complexas:** estudo das organizações em face dos problemas sociais. São Paulo: Atlas, 1981.

Para Selznick,[9] a formalização, quando não é exagerada, reduz a dependência da organização de atributos pessoais de seus participantes; torna a supervisão mais rotineira; exterioriza disciplina e incentivos, e reduz o número de decisões exigidas da liderança.

10.1.2 A diferenciação e a integração

Este tema se caracterizou como um dos assuntos clássicos da administração graças a Lawrence e Lorsch,[10] que consideram que a diferenciação e a integração constituem um dos problemas básicos das organizações.

A **diferenciação**, segundo Lawrence e Lorsch[11] é a divisão do sistema organizacional em subsistemas (unidades ou departamentos), cada qual desempenhando tarefas específicas, segundo as exigências impostas pelo meio externo. Por exemplo: a unidade de vendas trata de problemas relacionados ao mercado, aos clientes, aos competidores etc., enquanto que a unidade de produção trata das fontes de equipamentos, das fontes de matéria-prima etc.

No contexto organizacional, esta diferenciação apresenta-se de duas maneiras: (1) a *diferenciação vertical*, que se refere ao número de níveis hierárquicos e a distribuição da autoridade de acordo com estes níveis, e (2) a *diferenciação horizontal*, que se refere ao grau de especialização das tarefas.[12]

No primeiro caso (diferenciação vertical), a hierarquia estabelece a estrutura básica de comunicações e autoridade, a chamada cadeia de comando. Essa cadeia apresenta diferenciações verticais típicas dos postos de trabalho que vão desde os empregados horistas até os supervisores de primeira linha, gerentes médios e altos executivos. No segundo caso (diferenciação horizontal), trata-se da forma em que estão subdivididas as tarefas desenvolvidas na organização e a sua distribuição em diferentes departamentos, divisões ou subunidades.

A **integração** é a "qualidade do estado de colaboração existente entre departamentos, necessário para realizar a unidade de esforços segundo as exigências do ambiente" – o termo *integração* se refere tanto ao estado das relações interde-

---

[9] SELZNICK, Philip. Decisões críticas no desenvolvimento de organizações. In: ETZIONI, Amitai. **Organizações complexas**: estudo das organizações em face dos problemas sociais. São Paulo: Atlas, 1981, p. 348.

[10] LAWRENCE; LORSCH, op. cit., 1972 e 1973.

[11] LAWRENCE; LORSCH, op. cit., 1973, p. 24.

[12] HALL, op. cit., 1996, p. 56; KAST; ROSENZWEIT, op. cit., 1994, p. 254-256, e PFEFFER, op. cit., 1992, p. 166-167.

partamentais como aos processos e aos mecanismos através dos quais se realiza este estado.[13]

A diferenciação e a integração, segundo Lawrence e Lorsch,[14] apresentam uma relação inversa. Isto é, "quando as unidades (devido a suas tarefas particulares) são muito diferenciadas, é mais difícil lograr a integração entre elas que nos casos em que as unidades têm maneiras semelhantes de pensar e atuar".

Finalmente, Lawrence e Lorsch[15] consideram também que, à medida que as organizações empreendem tarefas mais complexas, tendem a se complicar internamente por causa da diferenciação das novas unidades. Entretanto, as organizações mais eficientes são as que, ainda que apresentem uma grande diferenciação, conseguem obter um elevado grau de integração.

10.1.3 A centralização e a descentralização

Um dos temas mais discutidos na área da administração é a distribuição do poder para a tomada de decisões e o grau em que este está mais concentrado ou mais difundido. A este respeito, Mintzberg[16] afirma que, "quando todo o poder reside em um só ponto da organização, dizemos que sua estrutura está centralizada; se o poder está dispersado entre muitos indivíduos, dizemos que está relativamente descentralizado".

Na *centralização*, todas as decisões, ou pelo menos as mais importantes, são tomadas por um indivíduo ou por um grupo pequeno de indivíduos que está situado na cúpula da hierarquia organizacional. A **descentralização** existe quando a tomada de decisões está dirigida aos níveis mais baixos da hierarquia, de maneira que os dirigentes dos níveis mais baixos, ou talvez os empregados do nível operacional, tomam e executam decisões organizacionais.[17]

Nas organizações contemporâneas, é possível encontrar uma grande variedade de graus de distribuição do poder para a tomada de decisões. Assim, não devem ser consideradas somente os dois extremos onde (1) todas as decisões estão concentradas nas mãos dos principais dirigentes, cabendo aos níveis hierarquicamente mais baixos somente as atividades de natureza rotineira, ou (2) onde há uma ampla delegação de poder para os níveis mais baixos, cujos membros tomam decisões importantes sem que haja a supervisão da cúpula administrativa.

---

[13] LAWRENCE; LORSCH, op. cit., 1973, p. 28.

[14] Op. cit., 1972, p. 13.

[15] Op. cit., 1973, p. 68 e 234.

[16] MINTZBERG, op. cit., 1991, p. 121.

[17] LITTERER, Joseph A. **Análise das organizações**. São Paulo: Atlas, 1970, p. 427.

Dessa maneira, ainda que seja difícil medir o grau de centralização ou descentralização que apresentam as organizações, são propostos critérios para esse fim. Neste sentido, Dale[18] afirma que o grau de descentralização administrativa será tanto maior:

a) quanto maior for o número de decisões tomadas na parte mais baixa da hierarquia administrativa;

b) quanto mais importantes forem as decisões tomadas na parte mais baixa da hierarquia administrativa; por exemplo, quanto maior for a soma dos gastos com investimentos que possam ser aprovados pelo diretor da fábrica, sem que seja necessário consultar a ninguém, maior será o grau de descentralização neste campo;

c) quanto maior for o número de funções que tiverem as decisões tomadas na parte mais baixa da hierarquia; assim, organizações que permitem que apenas decisões operacionais sejam tomadas em fábricas isoladas são menos descentralizadas do que aquelas que permitem que decisões financeiras e de pessoal sejam também tomadas nestas fábricas;

d) quanto menor supervisão for exigida sobre a decisão. A descentralização será maior quando nenhuma verificação for necessária; menor quando os supervisores tiverem de ser informados depois que a mesma já tenha sido tomada; menor ainda se os superiores tiverem de ser consultados antes que as decisões sejam tomadas. Quanto menor for o número de pessoas a consultar, e quanto mais baixas estiverem elas na hierarquia administrativa, maior será o grau de descentralização.

Finalmente, considera-se que a utilização de critérios como os apresentados acima, ainda que não possam ser considerados como generalizáveis, facilitam a distinção entre as organizações centralizadas e as descentralizadas, o que cumpre os propósitos deste trabalho.

10.1.4 A coordenação

Para que os objetivos das organizações complexas possam ser alcançados, é necessária a execução coletiva de uma série de tarefas. Ditas tarefas, através da diferenciação,[19] são distribuídas a diferentes subsistemas organizacionais. Entretanto, à medida que aumenta a diferenciação, se torna mais difícil conseguir a

---

[18] DALE, Ernest. Planning and developing the company organization structure. **American Management Association**, New York, p. 149-150, 1957.

[19] Ver p. 124.

unidade dos esforços entre os subsistemas organizacionais para a realização destas tarefas, isto é, é mais difícil conseguir a integração.[20]

Dessa maneira, em função dos "princípios opostos" entre a divisão do trabalho e a unidade dos esforços empregados para a sua realização, as organizações costumam utilizar *mecanismos de coordenação*.

Para Lawrence e Lorsch,[21] nas organizações com baixa diferenciação a hierarquia da administração é o mecanismo básico utilizado para conseguir a coordenação. Entretanto, naquelas onde há um alto grau de diferenciação e a exigência de uma firme integração, é necessário o desenvolvimento de "planos integradores suplementares", tais como a utilização de coordenadores individuais, equipes do tipo *cross-unit*, ou outros mecanismos dessa natureza.

Para que as organizações possam lograr a coordenação, Litterer[22] propõe duas maneiras: (1) a coordenação voluntária e (2) a coordenação dirigida, as quais apresentam as seguintes características:

Na **coordenação voluntária**, os indivíduos (ou grupos de indivíduos), por sua própria iniciativa, procuram integrar suas atividades com as dos demais membros da organização. Segundo Litterer, isso acontece, até certo ponto, na maioria das organizações; entretanto, há certas dificuldades que frustram o uso dessa forma de coordenação, tais como: a exigência de que os indivíduos conheçam as metas e as condições internas e externas da organização; a necessidade de que haja compromisso dos indivíduos para com a organização, e a percepção de suas funções como algo importante o suficiente para motivá-los.

Afirma também Litterer que nas pequenas empresas essas dificuldades podem ser menores, uma vez que os indivíduos poderão ver prontamente o que a organização está fazendo e onde eles se enquadram em tais esforços. Nas organizações maiores, onde uma pessoa pode estar entre milhares, é mais difícil criar uma perspectiva adequada.

A **coordenação dirigida**, em contraste com a voluntária, exige o recebimento de instruções a respeito do que fazer, como fazer e quando fazer. Esse tipo de coordenação oferece dois mecanismos: (1) a coordenação hierárquica e (2) o sistema administrativo.

Na *coordenação hierárquica*, as atividades estão vinculadas entre si, sob uma autoridade central. Em sua forma mais simples, quando um trabalhador termina a sua tarefa, o coordenador diz ao trabalhador seguinte para executar a ulterior. Nas organizações complexas, entretanto, essa coordenação se torna mais difícil,

---

[20] Ver as citações de LAWRENCE; LORSCH, nas p. 124 e 125.

[21] LAWRENCE; LORSCH, op. cit., 1972, p. 13.

[22] LITTERER, op. cit., 1970, p. 262-270.

uma vez que há muitos níveis hierárquicos e muitas unidades (departamentos ou divisões) especializadas. A complexidade das organizações, segundo Litterer, impede que a liderança central possa solucionar todos os problemas que surgem ao longo da cadeia de comando.

O *sistema administrativo* se refere aos esforços de coordenação no fluxo horizontal de trabalho de natureza rotineira. Os sistemas administrativos, segundo Litterer, são procedimentos formais desenhados para levar a cabo uma grande parte deste trabalho rotineiro de coordenação quase automática. Esses procedimentos formais, tais como os memorandos e as ordens de trabalho, na medida em que se convertem em rotina, facilitam a coordenação porque promovem a integração ao longo das cadeias de atividades complexas.

Além de Litterer, é importante destacar, também, a contribuição de Mintzberg,[23] que considera como fundamentais os seguintes mecanismos de coordenação:

a) **adaptação mútua**, que logra a coordenação por meio do simples processo de comunicação informal (como o que ocorre entre os operários);

b) **supervisão direta**, na qual a supervisão se consegue fazendo com que uma pessoa emita ordens ou instruções a outras cujo trabalho está inter-relacionado (como quando um chefe diz aos outros o que deve ser feito, dando um passo depois do outro);

c) **normalização dos processos de trabalho**, na qual se alcança a coordenação especificando os processos de trabalho das pessoas que desempenham tarefas inter-relacionadas (geralmente estas normas se desenvolvem na tecnoestrutura para seu cumprimento no núcleo operacional, como é o caso das instruções de trabalho que surgem nos estudos de tempos e movimentos);

d) **normalização de *outputs***, que logra a coordenação especificando os resultados de diferentes trabalhos (também se desenvolvem na tecnoestrutura, como é o caso de um plano financeiro que especifica os objetivos das subunidades ou as especificações que definem as dimensões de um produto que se vai fabricar);

e) **normalização das habilidades** (assim como dos conhecimentos), segundo a qual os diferentes trabalhos se coordenam em virtude da preparação correspondente que receberam os trabalhadores (como é o caso dos médicos especialistas – digamos um cirurgião e um anestesista que estão em um centro cirúrgico – que respondem quase automaticamente aos procedimentos normalizados);

---

[23] MINTZBERG, op. cit., 1991, p. 116-118.

f) **normalização das regras**, que se refere a regras que afetam e que controlam o trabalho em toda a organização, para que todos ajam de acordo com o mesmo conjunto de doutrinas (como em uma ordem religiosa).

Finalmente, Mintzberg[24] afirma que "nenhuma organização pode depender de apenas um destes mecanismos". Na realidade, "pode-se substituir parcialmente uns por outros, mas todos se encontrarão, de maneira representativa, em toda a organização razoavelmente desenvolvida".

10.1.5 O controle

O controle, em termos organizacionais, e de maneira muito simples, pode ser definido como a tarefa administrativa cuja finalidade é mensurar e avaliar o desempenho dos membros da organização e adotar as medidas corretivas necessárias.

As organizações complexas, diferentemente das unidades sociais mais simples como a família ou os grupos étnicos, exigem sistemas formais de controle que incluem uma distribuição estruturada de recompensas e sanções para apoiar a obediência a suas normas, regulamentos e ordens.[25]

Etzioni considera que na medida em que as necessidades da organização e as de seus participantes são compatíveis, há pouca necessidade de controle. Essa combinação de necessidades, entretanto, nunca é completa, o que exige mecanismos capazes de assegurar dita combinação. O êxito da organização, segundo Etzioni, depende, em grande parte, de sua capacidade de manter o controle de seus participantes.

Sobre este tema, Pfeffer[26] comenta que o processo de controle passou por três fases: (1) controle hierárquico, (2) controle técnico e (3) controle burocrático.

Na primeira fase, o **controle hierárquico** se exercia principalmente através da faculdade relativamente arbitrária dos patrões ou de seus capatazes para controlar, despedir e disciplinar os trabalhadores. Na segunda fase, a do **controle técnico**, o processo de controle se incluía mais na tecnologia do trabalho em si. O exemplo clássico deste é a linha de montagem da produção em massa, iniciada por Taylor. Esse tipo de controle acelerou a dissociação do trabalho no planejamento do mesmo (tarefa de engenharia) e, por outro lado, a realização de atividades relativamente mecânicas. Finalmente, na terceira fase, a do **controle burocrático**,

---

[24] MINTZBERG, op. cit., 1991, p. 118.

[25] ETZIONI, Amitai, op. cit., 1980, p. 93-94.

[26] PFEFFER, op. cit., 1992, p. 40-42.

a contratação e a dispensa (principal estratégia de controle nas duas primeiras fases) deu lugar ao "império da lei". Nessa fase, a regra estabelecida pelo mando do supervisor começou a ser substituída pela lei da empresa e por outras leis, tais como as que favoreciam a formação de sindicatos, a segurança, os salários e as regulamentações de horários, assim como mais recentemente as leis sobre as contratações e as dispensas.

A respeito dessa fase, Pfeffer[27] diz que:

> "já não eram viáveis o controle coercitivo sobre a força de trabalho nem uma política de controle firmemente baseada em mecanismos de seleção. O controle burocrático e as inovações associadas, como a escala de salários, requeriam uma análise da liderança apoiada menos na força bruta e no carisma e mais no desenvolvimento e uso de uma autoridade dentro de uma estrutura burocrática".

Litterer[28] observa que o estudo do controle tem recebido a atenção de pessoas que se encontram em diferentes tipos de atividades, podendo ser levado a cabo através de diferentes mecanismos. Entretanto, ainda que esses mecanismos possam variar segundo a situação ou segundo a circunstância, o seu processo é o mesmo. Dito processo, cuja finalidade é fazer com que as atividades sejam realizadas de maneira que conduza ao alcance dos fins desejados, apresenta, em termos gerais, as seguintes etapas: (1) coleta de dados sobre o desempenho, (2) comparação dos dados com um padrão estabelecido e (3) ação corretiva, se o desempenho não corresponder adequadamente ao padrão. Ditas etapas, segundo Litterer, são executada por um *sensor,* por um *comparador* e por um *tomador de decisões.*

A Figura 10.1 ilustra este processo.

---

[27] PFEFFER, op. cit., 1992, p. 42.

[28] LITTERER, op. cit., 1970, p. 271-275.

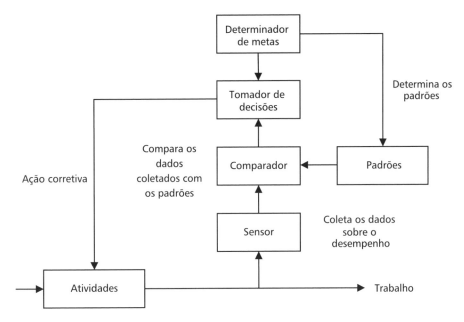

Fonte: Adaptada de Litterer.[29]

Figura 10.1   *O processo de controle.*

Todos os elementos que constituem o processo de controle estão distribuídos de diferentes maneiras dentro da organização. Eles podem ser desempenhados por uma só pessoa, por pessoas diferentes, ou por diferentes departamentos. Na realidade, as organizações complexas possuem uma variedade de sistemas de controle que incluem desde circuitos individuais até circuitos que incorporam diferentes unidades organizacionais, constituindo um sistema que possui *circuitos dentro de circuitos*.

10.2   OS FATORES CONTEXTUAIS DA ESTRUTURA ORGANIZACIONAL

De acordo com o que se afirmou anteriormente, as organizações variam em seu grau de complexidade, de formalização, de centralização do poder etc., e não há forma que possa ser considerada a mais adequada para configurar sua estrutura e melhorar sua eficiência, uma vez que o seu desenho depende do contexto da organização.

---

[29] Op. cit., 1970, p. 275.

132 Planejamento Estratégico • Andrade

Entre os fatores contextuais que exercem maior influência sobre a determinação das formas organizacionais se encontram o tamanho, a tecnologia, o ambiente, e a escolha da estratégia.[30]

10.2.1 O tamanho

Hall observa que existem muitos estudos que relacionam o tamanho com a estrutura organizacional; alguns autores argumentam que o tamanho é um dos principais determinantes da estrutura organizacional; outros sustentam o contrário.

Os estudos que enfatizam a relação forte e positiva entre o tamanho e a estrutura sustentam que o incremento no tamanho está relacionado com o incremento na diferenciação. A conclusão principal desses estudos, segundo Hall, é que o incremento no tamanho se relaciona com o incremento na estruturação das atividades organizacionais e com uma menor centralização de autoridade.

Os pesquisadores que questionam essa ênfase, como é o caso do próprio Hall, afirmam que não foram encontradas relações tão fortes. O que existe, na realidade, é uma relação modesta entre o tamanho e o grau percebido de burocratizado. Há uma tendência moderada de que as organizações maiores sejam tanto mais complexas quanto mais formalizadas; entretanto, as relações entre o tamanho e outros componentes estruturais são inconsistentes.[31]

Apresentando uma opinião contrária a de Hall, Pfeffer afirma que o tamanho é uma das características mais proeminentes das organizações, cujos efeitos têm sido pesquisados em numerosos estudos. Tais estudos destacam dois argumentos causais associados com os efeitos do tamanho, a respeito dos quais Pfeffer[32] destaca:

> "Um destes destaca que o incremento no tamanho torna possível a oportunidade de beneficiar-se com uma maior divisão do trabalho. Esta maior divisão do trabalho irá associada com o desenvolvimento de um número maior de subunidades e requererá também uma maior coordenação por parte dos gerentes por causa da crescente divisão do trabalho e da coordenação requerida pela interdependência criada por esta especialização das tarefas. O segundo argumento parte da observação de que com números crescentes de empregados torna-se cada vez mais difícil o controle pessoal sobre o processo de trabalho. Em vez do controle pessoal centralizado, surgem mecanismos impessoais de controle, os quais requerem um componen-

---

[30] HALL, op. cit., 1996; PFEFFER, op. cit., 1992; MINTZBERG, op. cit., 1991; e CHANDLER, 1962.

[31] HALL, op. cit., 1996, p. 95-96.

[32] PFEFFER, op. cit., 1992, p. 167.

te administrativo maior. Desta forma, os argumentos básicos da literatura sobre o tamanho das empresas são que o tamanho conduz ao incremento da diferenciação estrutural, que o tamanho está negativamente relacionado com a centralização, que o tamanho está positivamente relacionado com a formalização e que o tamanho está relacionado com o tamanho do componente administrativo [...]."

Nesse mesmo sentido, Mintzberg[33] sustenta que, quanto maior é uma organização, mais formalizado é o seu comportamento e mais elaborada é sua estrutura, isto é, mais especializados são seus postos de trabalho e unidades e mais desenvolvidos são seus componentes administrativos. Mintzberg observa que:

"À medida que cresce o tamanho das organizações, estas são capazes de especializar seus trabalhos com mais meticulosidade. [...] Em consequência, também podem especializar – ou 'diferenciar' – o trabalho de suas unidades com mais amplitude. Isto exige um maior esforço de coordenação. E assim, a organização de maior porte tende também a incrementar a hierarquia para efetuar uma supervisão direta e fazer mais uso de sua tecnoestrutura para lograr a coordenação por meio da normalização, ou bem para fomentar a coordenação por meio da adaptação mútua."

Nessa mesma linha de raciocínio, Litterer[34] comenta que, à medida que a organização se torna maior, aumentam a complexidade e a formalização, passando a ser necessária a criação de novos meios de coordenação e, principalmente, uma nova forma organizacional.

Observa também Litterer que as organizações complexas crescem constantemente, levando os seus dirigentes mais altos a instalar métodos capazes de controlar os membros dos níveis hierarquicamente mais baixos e de tornar previsível o seu desempenho (individual ou grupal). Isso, geralmente, assume a forma de tarefas específicas, regras e normas administrativas formalmente instituídas. Isto é, à medida que a organização se torna maior, fica mais burocratizada, mais impessoal, mais complexa (ou mais diferenciada) e, obviamente, menos dependente dos serviços de determinados indivíduos – os membros da organização podem entrar ou sair, ou mudar suas posições com um menor impacto sobre o desempenho global da organização.

Finalmente, Champion[35] afirma que há uma relação positiva entre o tamanho e a complexidade da organização, e que a complexidade, por sua vez, afeta a es-

---

[33] MINTZBERG, op. cit., 1991, p. 122-123.

[34] LITTERER, op. cit., 1970, p. 451-459.

[35] CHAMPION, Dean. **A sociologia das organizações**. São Paulo: Saraiva, 1985, p. 145-146.

trutura, uma vez que exige maior coordenação entre as unidades organizacionais; modifica substancialmente as relações de poder, as disposições de autoridade, as interações entre supervisor-subordinado e entre supervisor-supervisor, o que aumenta a formalidade e a aderência às regras por parte dos indivíduos envolvidos.

10.2.2 A tecnologia

A tecnologia, de maneira muito simples, pode ser definida como o *conhecimento de uma maneira de fazer alguma coisa*, referindo-se tanto aos processos de manufatura como aos modos de fazer negócios ou executar funções administrativas.[36]

Um dos precursores do estudo da tecnologia nas organizações foi Taylor,[37] que propôs uma série de ideias sobre a racionalização do trabalho com a finalidade de obter a máxima eficiência e produtividade possível.

Atualmente, a tecnologia vai mais além da simples preocupação de racionalizar o trabalho e de modernizar os equipamentos para obter o máximo rendimento. Além disso, a tecnologia inclui processos, rotinas e procedimentos burocráticos e, como já foi dito anteriormente, os modos de fazer negócio ou de executar funções administrativas.

Dessa maneira, por se caracterizar como um importante elemento do contexto organizacional, a tecnologia vem despertando o interesse de muitos autores, entre os quais se encontram Woodward,[38] Thompson[39] e Perrow.[40]

O trabalho de **Woodward** foi desenvolvido a partir de uma pesquisa realizada em 100 empresas industriais da Inglaterra, as quais foram divididas em três grupos, segundo as características de seus processos produtivos: (1) produção unitária, (2) produção em massa e (3) produção automatizada.

As organizações que utilizam a **tecnologia de produção unitária** se caracterizam por produzir lotes pequenos e de maneira artesanal, onde os trabalhadores executam muitas tarefas diferentes e utilizam uma grande variedade de ferramentas.

---

[36] LITTERER, op. cit., 1970, p. 473.

[37] Ver: TAYLOR, Frederick Winslow. **Princípios de administração científica**. São Paulo, Atlas, 1980 (primeira edição em inglês: **The principles of scientific management**, 1911).

[38] WOODWARD, Joan. **Industrial organizations:** theory and practice. London: Oxford University Press, 1965; WOODWARD, Joan. **Industrial organizations**: behavior and control. London: Oxford University Press, 1970.

[39] THOMPSON, op. cit., 1976.

[40] PERROW, op. cit., 1976, e PERROW, Charles B. **Complex organizations**: a critical essay. New York: McGraw-Hill, 1986.

Na **tecnologia de produção em massa**, são produzidos grandes lotes, em linhas de montagem, onde os trabalhadores executam poucas operações ao longo da linha de produção.

A **tecnologia de produção automatizada** se caracteriza por um processo de produção contínua e de grande complexidade tecnológica controlado por trabalhadores especializados.

Através de seu estudo, Woodward obteve uma série de conclusões, tais como:

a) a tecnologia se caracteriza como um dos principais fatores determinantes da estrutura organizacional. Isto é, há uma relação direta entre a tecnologia utilizada e o número de níveis hierárquicos, as linhas de mando, os sistemas de controle etc.;

b) número de níveis hierárquicos e a padronização das atividades são menores na tecnologia de produção unitária, maiores na produção em massa, e ainda maiores na produção automatizada;

c) êxito da organização depende da utilização de uma estrutura organizacional adequada. Isto é, há uma estrutura ótima para cada tipo de tecnologia.

Thompson, por sua vez, afirma que a tecnologia é uma importante variável para a compreensão das organizações complexas. Entretanto, considera que o estudo desenvolvido por Woodward não é generalizável o suficiente para explicar amplitude de tecnologias encontradas nas organizações complexas. Dessa forma, Thompson desenvolveu um estudo sobre a tecnologia com a finalidade de abarcar a todas as organizações: (1) tecnologia de encadeamento, (2) tecnologia de mediação e (3) tecnologia intensiva.

A **tecnologia de encadeamento** inclui uma interdependência em série no sentido de que a ação **Z** somente será executada depois do término com êxito da ação **Y**, que, por sua vez, depende da ação **X**, e assim por diante.

A **tecnologia de mediação** tem por função básica manter a intermediação (ou interdependência) entre clientes. Os melhores exemplos de organizações que utilizam esta tecnologia são os bancos, as companhias de seguro, as companhias telefônicas e os correios, que fazem a mediação entre clientes que desejam a interdependência.

A **tecnologia intensiva** se caracteriza pela utilização de uma grande variedade de técnicas a fim de alcançar uma mudança em algum objeto específico, mas a seleção, a combinação e a ordem de aplicação são determinadas pela retroalimentação do objeto em si. Esse tipo de tecnologia é utilizado por organizações tais como hospitais, empresas de construção e universidades.

A respeito da relação tecnologia-estrutura, Thompson considera que a estrutura é o mecanismo que facilita o exercício dos processos de coordenação e que reflete a interdependência da organização e de seu meio ambiente, assim como de sua tecnologia.

Dessa maneira, ainda que compartilhe a opinião de que a tecnologia se caracteriza como um fator determinante da estrutura, tal como afirma Woodward, Thompson considera que esta se caracteriza como o mecanismo que serve de base para todas as decisões da organização e para o alcance de suas metas.

Finalmente, **Perrow** sugere que a tecnologia seja considerada de maneira independente das técnicas utilizadas. Seu argumento é que as organizações existem para realizar algum trabalho, para o que necessitam técnicas. Essas técnicas, entretanto, são aplicadas a um determinado tipo de matéria-prima (humana, material ou simbólica) que é transformada em um produto negociável. Assim, Perrow propõe que, a partir das três etapas *compra-transformação-venda*, a tecnologia seja vista como um meio de transformar a matéria-prima e a pesquisa mental (rotina ou criatividade) exigida para isso. Dessa maneira, resultaram quatro tipos de tecnologia: (1) artesanal, (2) ausência de rotina, (3) rotina e (4) engenharia.

A **tecnologia artesanal** se encontra em empresas que trabalham sob encomendas específicas feitas por clientes. Sua característica principal é o predomínio de tarefas não padronizadas e, ainda que existam poucos casos excepcionais no trabalho, a criatividade por parte dos trabalhadores. Aqui os exemplos são as empresas que fabricam móveis, que prestam serviços de instalações etc.

Na **ausência de rotina**, as tarefas são pouco padronizadas, instáveis e caracterizadas pela ocorrência de muitas situações excepcionais, o que exige a criatividade e a capacidade de escolha e de avaliação por parte dos trabalhadores. Exemplos: uma fábrica de produtos químicos, uma missão espacial ou uma clínica psiquiátrica para clientes de alto nível.

A **rotina** se caracteriza pela existência de tarefas estáveis, padronizadas e com pouca variedade de problemas, o que não exige a criatividade e tampouco a capacidade de escolha e de avaliação por parte dos trabalhadores. Exemplos: correios e a maior parte das empresas de produção em massa.

Finalmente, na **engenharia** pode haver rotina; entretanto, os projetos são modificados com frequência para atender às exigências dos clientes, tais como fazem as empresas que se dedicam a produzir equipamentos sob encomenda.

Perrow considera que o êxito das organizações depende da integração (intencional, ou não) entre sua tecnologia e sua estrutura. Dessa maneira, os graus de burocratização, os mecanismos de coordenação e de controle, os níveis de centralização ou de descentralização do poder, assim como os demais componentes estruturais, estão positivamente relacionados com a tecnologia. Portanto, as organizações não são iguais, e a maneira através da qual é possível diferenciar uma da outra depende da tecnologia.

10.2.3 O ambiente

Da mesma forma que o tamanho e a tecnologia, o ambiente, conforme foi visto no Capítulo 5,[41] também se caracteriza como um dos principais fatores determinantes da estrutura organizacional, uma vez que esta é afetada pelo contexto externo através de variáveis tais como as condições econômicas, as decisões governamentais, as ações dos competidores etc.

Pfeffer[42] comenta a literatura que trata das organizações complexas, as diferentes opiniões a respeito do efeito do meio ambiente sobre a estrutura organizacional. Entretanto, sua opinião é que, ainda que dita literatura esteja "infestada de desacordos", há um argumento básico segundo o qual o contexto externo, em maior ou menor grau, requer ajustes na estrutura organizacional. Como exemplo disso, Pfeffer cita um estudo desenvolvido juntamente com Leblebci com a finalidade de analisar os efeitos da concorrência sobre a estrutura das organizações, onde foi possível observar que:

> "a concorrência dava origem a maiores demandas de controle, gerando efeitos diretos para uma organização mais estruturada e causando também uma diferenciação de produtos que conduzia a uma menor descentralização e a uma menor elaboração estrutural do que se podia esperar."[43]

Para Menguzzato e Renau,[44] as características do ambiente externo são condicionantes de muitas atuações da organização e, evidentemente, também da estrutura organizacional – segundo qual, dependendo do tipo de ambiente, sua influência será mais ou menos determinante na estrutura.

Nessa mesma linha de raciocínio, Hall[45] afirma que as características ambientais significam restrições sobre as organizações, chegando a provocar modificações nas formas estruturais. Por exemplo: à medida que as empresas revisam e modificam suas estratégias, suas formas estruturais também são modificadas. De

---

[41] Ver Capítulo 5 – Análise SWOT – Parte II: Fatores externos, p. 57.

[42] PFEFFER, op. cit., 1992, p. 173-175.

[43] PFEFFER, Jeffrey; LEBLEBICI, Huseyin. The effect of competition on some dimensions of organizational structure, **Social Forces**, 52, p. 268-279, 1973.

[44] MENGUZZATO; RENAU, op. cit., 1992, p. 301.

[45] HALL, op. cit., 1996, p. 103.

maneira similar, se os professores modificarem o seu referencial pedagógico, as escolas serão modificadas.

Mintzberg[46] argumenta que o efeito do ambiente sobre as organizações varia de acordo com as características do contexto externo, exigindo assim diferentes formas estruturais:

a) Quanto mais dinâmico for o ambiente de uma organização, mais orgânica será sua estrutura. Quando o ambiente é estável, as organizações podem predizer suas condições futuras, e mais facilmente podem depender da normalização para conseguir a coordenação. Por outro lado, quando as condições são dinâmicas, a organização não pode normalizar senão que tem que se manter flexível, fazendo uso da supervisão direta ou da adaptação mútua para conseguir a coordenação, e dessa maneira tem que usar uma estrutura mais orgânica.

b) Quanto mais complexo for o ambiente de uma organização, mais descentralizada será sua estrutura. A razão fundamental para descentralizar uma estrutura é que toda a informação necessária para tomar decisões não pode estar concentrada em uma só cabeça. Portanto, quando as operações de uma organização estão baseadas em um corpo complexo de conhecimentos, normalmente é necessário descentralizar o poder para poder tomar decisões.

c) Quanto mais diversificados sejam os mercados de uma organização, maior será a propensão a dividir-se em unidades baseadas no mercado, ou divisões, dada uma economia de escala favorável. Quanto mais uma organização pode identificar distintos mercados – regiões geográficas, clientes, mais especialmente produtos e serviços – mais estará predisposta a dividir-se em unidades de alto nível segundo esta base, e dar a cada uma boa quantidade de controle sobre suas próprias operações. Em palavras mais simples, a diversificação fomenta a divisão da estrutura. A cada unidade podem ser atribuídas todas as funções correspondentes a seus próprios mercados. Mas isso pressupõe uma economia de escala favorável: se o núcleo das operações não pode ser dividido, então pode ser que não seja possível uma plena divisão da empresa.

d) A hostilidade extrema do ambiente faz com que uma organização centralize sua estrutura provisoriamente. Quando está ameaçada por uma hostilidade extrema do ambiente, uma organização tem a tendência a centralizar o poder. Em outras palavras, voltar a seu mecanismo mais rígido, a supervisão direta.

---

[46] MINTZBERG, op. cit., 1991, p. 124-125.

Outro estudo importante a respeito desse tema foi desenvolvido por Lawrence e Lorsch,[47] que consideram que as transações das organizações com o ambiente constitui um problema crucial. Ditos autores argumentam que:

> "À medida que o ambiente relevante muda, as organizações necessitam não apenas de unidades adequadas e ajustadas mas oportunamente também necessitam estabelecer novas unidades para tratar dos fatos ambientais que surgiram recentemente e para reagrupar unidades antigas. Por exemplo, a chegada do computador como um novo fator ambiental levou muitas empresas a criar uma unidade tal como a de serviços de informação à administração; o desenvolvimento de novas e relevantes técnicas matemáticas fizeram aparecer grupos de pesquisa operacional e grupos de planejamento a longo prazo. Estes novos grupos só atraem e reúnem pessoas com diferentes habilidades técnicas mas também necessitam frequentemente de diferentes orientações, estruturas e estilos para levar a cabo com bom êxito as transações com seus 'peixes'."[48]

O argumento básico destes autores é que cada uma das diversas unidades que compõem a organização desenvolve uma estrutura adaptada a seu ambiente particular (ou subambiente), o qual apresenta características diferentes dos demais.

A esse respeito, Lawrence e Lorsch[49] sustentam que o ambiente é constituído por uma variedade de subambientes, cada um dos quais dotado de características peculiares e que afetam as unidades organizacionais de maneira diferenciada. Por exemplo, a unidade de vendas enfrenta problemas relacionados com o mercado, com os clientes, com os competidores etc. A unidade de produção trata das fontes de equipamentos de produção, das fontes de matéria-prima etc.

Finalmente, Lawrence e Lorsch afirmam que, à medida que cada unidade desenvolve uma estrutura adaptada a seu ambiente particular, aumenta o grau de diferenciação dentro da organização. Entretanto, as organizações que logram maior êxito são as que tendem a manter estados de diferenciação e integração coerentes com a diversidade das partes do ambiente e com a necessária interdependência destas partes.

10.2.4 A escolha da estratégia

A escolha da estratégia e suas influências sobre o desenho da organização constituem um tema que ainda não apresenta um acordo de opiniões na literatu-

---

[47] LAWRENCE; LORSCH, op. cit., 1972 e 1973.

[48] LAWRENCE; LORSCH, op. cit., 1972, p. 29-30.

[49] LAWRENCE; LORSCH, op. cit., 1972, p. 26-32 e op. cit., 1973, p. 24-31, 71-72 e 154-162.

140 Planejamento Estratégico • Andrade

ra especializada na gestão; entretanto, uma grande parte dos estudos desenvolvidos sobre este tema considera que a estratégia é um importante fator do contexto que, em maior ou menor grau, exerce influência sobre a determinação das formas organizacionais.

A respeito desse tema, Pfeffer[50] afirma que, "além das contingências de tamanho, meio ambiente e tecnologia, uma contingência adicional que afeta a estrutura organizacional é a estratégia da organização".

Chandler,[51] a partir de pesquisas realizadas em várias empresas,[52] na década de 1960, apresentou uma série de ponderações a respeito no campo da administração, referindo-se especialmente à estratégia e à estrutura.

Seu principal argumento é que a influência do ambiente externo sobre as organizações implica a necessidade de adotarem novas estratégias. Isto é, para lograr seus objetivos, a empresa deve considerar as mudanças ambientais, tais como o desenvolvimento tecnológico, as flutuações das condições econômicas, ou as ações dos competidores, e adotar novas estratégias consequentes com tais situações.

Entre as principais "teses" de Chandler a respeito deste tema se encontram:

a) a estratégia é uma resposta da empresa às ameaças, necessidades e oportunidades que se originam do ambiente externo;

b) na maioria das empresas, a estrutura é o resultado da concatenação de várias estratégias básicas: a decisão de expandir as atividades da empresa, por exemplo, pode requerer a criação de um novo departamento. Isto é: a estrutura segue a estratégia;

c) nas empresas menores, geralmente, as mudanças estruturais consistem em pequenas modificações, enquanto nas maiores as necessidades administrativas geradas pelas novas estratégias exigem mudanças estruturais mais profundas;

d) a natureza e a rapidez das mudanças estruturais necessárias dependem das habilidades dos executivos.

Outro trabalho de destacada importância para esta área foi desenvolvido por Ansoff,[53] que na década de 1960 se caracterizou como um dos principais precursores da estratégia empresarial. Dito autor concebe a estratégia como um pro-

---

[50] PFEFFER, op. cit., 1992, p. 175.

[51] CHANDLER, op. cit., 1962.

[52] Chandler pesquisou nas seguintes empresas: Du Pont; General Motors; Standard Oil Company (New Jersey) e Sears, Roebuck and Company.

[53] ANSOFF, op. cit., 1965.

Estruturas Organizacionais: Componentes e Fatores Contextuais **141**

cesso formal através do qual se adotam cursos de ações racionais para lograr os propósitos da organização.

Ansoff considera que: (1) a escolha da estratégia impõe exigências operacionais, tais como as decisões de preço, de custo, de programação da produção etc. e (2) a configuração de uma estrutura administrativa seja capaz de criar o clima apropriado para atender a essas exigências, permitindo respostas rápidas, isto é, *a estrutura segue a estratégia*.

Nessa mesma linha de raciocínio, Steiner[54] desenvolveu outro estudo, o qual se caracterizou como uma grande contribuição para a administração de empresas.

Seu trabalho apresenta o argumento de que, em seus processos de planejamento, as organizações examinam as influências do ambiente externo para detectar e eliminar obstáculos e aproveitar as oportunidades. Steiner considera que o ambiente externo apresenta diferentes conjunturas e uma variedade de forças de natureza política, econômica, tecnológica, legal, competitiva etc., que afetam a organização e que exigem diferentes estratégias. Essas estratégias, por sua vez, exigem o desenvolvimento de um sistema organizativo apropriado para assegurar sua posta em prática. Assim, Steiner compartilha da opinião de que a escolha da estratégia é um dos principais fatores determinantes da estrutura organizacional.

Destaca-se também a contribuição de Andrews,[55] segundo o qual o processo de formulação de estratégias exige o desenvolvimento de uma série de atividades de natureza administrativa. Entre estas atividades se incluem o desenho de uma estrutura organizacional adequada às necessidades e o estabelecimento de processos organizativos para medir a realização, a coordenação, o controle e a avaliação das atividades. Assim, Andrews também compartilha a opinião de que o desenho da estrutura organizacional é influenciado pela escolha da estratégia.

A relação entre a estratégia e a estrutura foi estudada por Miles e Snow,[56] segundo os quais a estrutura da organização está apenas parcialmente ordenada pelas condições do ambiente, podendo variar também de acordo com a estratégia adotada pela empresa.

Miles e Snow sustentam que, embora as organizações possam implementar múltiplas estratégias, entre as empresas que competem dentro de um mesmo setor industrial é possível distinguir quatro diferentes tipos de estratégias, as quais já foram discutidas no Capítulo 6[57] (estratégia defensiva, estratégia exploradora, estratégia analítica e estratégia reativa).

---

[54] STEINER, op. cit., 1994.

[55] ANDREWS, op. cit., 1971.

[56] MILES; SNOW, op. cit., 1978.

[57] Ver Quadro 6.2.

A *estratégia defensiva* é típica de organizações que se caracterizam pela busca de uma porção bem definida dentro do mercado total para criar um conjunto estável de produtos e/ou serviços claramente dirigido para um segmento escolhido.

As organizações defensivas costumam utilizar uma estrutura organizacional funcional com uma grande divisão do trabalho e com processos muito formalizados, o que permite uma alta especialização e eficiência, ainda que se apresente uma redução em sua flexibilidade.

A *estratégia exploradora* é utilizada por organizações que se encontram constantemente buscando novas oportunidades de mercado e que regularmente estão experimentando para responder às tendências emergentes do ambiente. Essas organizações costumam utilizar uma estrutura organizacional multidivisional por produto,[58] com pouca divisão do trabalho e com um reduzido grau de formalização.

A *estratégia analítica* se apresenta em organizações que operam em dois tipos de domínio de produto/mercado: um relativamente estável e outro mutante. Na área estável a organização atua de maneira rotineira e eficiente através do uso de estruturas e processos formais. Na área mais turbulenta, a alta administração vigia com atenção os seus competidores e suas novas ideias e, rapidamente, adota aquelas que parecem mais promissoras.

Miles e Snow sustentam que a estrutura organizacional mais apropriada para estas organizações é a matricial, uma vez que permite a combinação de divisões funcionais com grupos de produtos que podem ser agregados, modificados ou eliminados com relativa facilidade.

Finalmente, a *estratégia reativa* é típica de organizações cujos dirigentes percebem a ocorrência de mudanças e de incertezas no ambiente, mas não possuem a habilidade para responder eficazmente. Essas organizações carecem de uma consistente relação estrutura-estratégia e raramente fazem qualquer tipo de ajuste, até que são forçadas pelas pressões ambientais.

Além dos autores acima citados, os quais figuram entre os precursores da estratégia empresarial, outras contribuições mais recentes compartilham da opinião de que as variáveis estruturais são afetadas pela escolha da estratégia, por exemplo:

Hill e Jones[59] sustentam que, "depois de formular a estratégia de uma companhia, a gerência deve fazer da estrutura de desenho organizacional sua seguinte prioridade, já que a estratégia se implementa através da estrutura organizacional".

---

[58] Ver Figura 10.1.

[59] HILL; JONES, op. cit., 1996, p. 323.

Johnson e Scholes[60] destacam a importância de adequar o desenho organizativo aos tipos de estratégia que segue a empresa, uma vez que diferentes estratégias, com frequência, requerem diferentes formas de desenho organizativo.

Menguzzato e Renau[61] consideram que um dos principais elementos do desenho do "suporte" da estratégia é a estrutura organizacional. "As características da empresa vão mudando, modificando-se também sua estrutura organizacional, e esta por causa das sucessivas estratégias adotadas."

---

[60] JOHNSON; SCHOLES, op. cit., 1996, p. 351-352.

[61] MENGUZZATO; RENAU, op. cit., 1992, p. 295-296 e 321-322.

11

Tipos de Estrutura Organizacional

Na medida em que aumenta o volume de negócios e a empresa cresce, seus dirigentes geralmente passam a sentir maior necessidade de melhorar a eficiência de seus processos de controle, de racionalizar a distribuição das tarefas entre seus membros, de criar departamentos especializados etc. Assim, dependendo das características dos componentes estruturais e dos fatores contextuais predominantes na empresa,[1] será necessário adotar um determinado tipo de estrutura organizacional para que seja possível implementar as estratégias necessárias e atingir os objetivos pretendidos.

A relação estratégia-estrutura constitui um tema de fundamental importância para a administração das organizações. Verifique que, conforme foi discutido no capítulo anterior,[2] na medida em que as empresas desenvolvem seus processos de planejamento, tratam de analisar as influências oriundas do ambiente externo. A partir dessa análise, seus dirigentes procuram formular estratégias com a finalidade de se precaver contra as ameaças e de tirar o máximo proveito possível das oportunidades. As estratégias necessárias para este fim, entretanto, exigem o desenvolvimento de uma estrutura organizacional apropriada para a sua posta em prática.

---

[1] Ver Capítulo 10.

[2] Ver Capítulo 10.

Discutindo esse assunto, Hitt, Ireland e Hoskisson[3] comentam que toda empresa necessita de alguma forma organizacional para implementar suas estratégias. Da mesma forma, necessita também verificar se a configuração estrutural adotada ainda fornece condições para a coordenação, o controle e a direção que os dirigentes necessitam para que as estratégias adotadas continuem a apresentar os resultados desejados. Assim, para manter a congruência entre estrutura escolhida e as estratégias formuladas, é necessário que os dirigentes da organização verifiquem sistematicamente se a configuração estrutural vigente ainda é eficaz ou necessita ser mudada.

Sobre a definição da estrutura organizacional necessária para manter a competitividade estratégica da empresa, existem diferentes abordagens. Entretanto, sem a intenção de ser exaustivo, apresentam-se a seguir as formas estruturais mais utilizadas pelas organizações contemporâneas: simples, funcional, multidivisional e matricial.

Assim, a partir da análise de Menguzzato e Renau,[4] Certo e Peter;[5] Johnson e Scholes,[6] Hill e Jones,[7] Montana e Charnov[8] e Hitt, Ireland e Hoskisson,[9] apresentam-se as características básicas e as principais vantagens e desvantagens de cada um destes quatro tipos de estrutura organizacional:

11.1 ESTRUTURA SIMPLES

A estrutura simples, geralmente utilizada pelas pequenas empresas, caracteriza-se por uma forte centralização da autoridade, pela pouca formalização e por uma coordenação baseada essencialmente na supervisão direta e no princípio da unidade de comando. Esse tipo de estrutura caracteriza-se também pelas relações diretas entre os seus membros.

Nas empresas que utilizam essa forma estrutural, o dirigente da empresa, geralmente o proprietário, assume quase todas as responsabilidades da direção contando, no máximo, com a ajuda de um sócio ou de um auxiliar. Entretanto, existe muito pouca divisão de responsabilidades diretivas, e provavelmente com

---

[3] HITT; IRELAND; HOSKISSON, op. cit., 2003, p. 444.

[4] MENGUZZATO; RENAU, op. cit., 1992.

[5] CERTO; PETER, op. cit., 1993.

[6] JOHNSON; SCHOLES, op. cit., 1996.

[7] HILL; JONES, op. cit., 1996.

[8] MONTANA, Patrick J.; CHARNOV, Bruce H. **Administração**. São Paulo: Saraiva, 2003.

[9] HITT; IRELAND; HOSKISSON, op. cit., 2003.

uma definição pouco clara sobre quem é responsável pelo quê. O funcionamento dessas empresas normalmente se realiza através do controle pessoal de um indivíduo. A Figura 11.1 ilustra este tipo de estrutura organizacional.

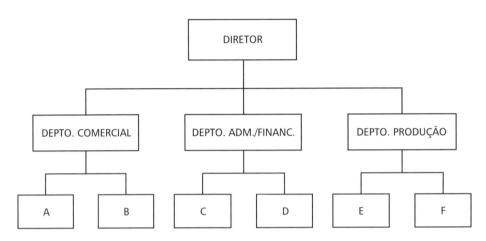

Fonte: Do Autor.

Figura 11.1 *Estrutura simples.*

A estrutura simples possibilita algumas vantagens competitivas para as pequenas empresas, assim como também alguns inconvenientes.

As principais vantagens competitivas destacadas são:

a) a flexibilidade deste tipo de estrutura permite que a empresa se adapte com maior rapidez às novas situações;

b) facilita o controle de todas as atividades do negócio;

c) o custo de manutenção da estrutura é mais baixo do que o das empresas maiores;

d) sua simplicidade estrutural permite maior rapidez de respostas às situações imprevistas ou às mudanças ambientais;

e) a informalidade característica deste tipo de estrutura também constitui uma vantagem, na medida em que os seus integrantes conhecem melhor a realidade da empresa, podendo por conseguinte contribuir com seu esforço para as novas orientações necessárias;

f) permite a utilização de sistemas de motivação/recompensas relativamente simples e informais.

Como principais inconvenientes, os autores citados destacam que, à medida que as pequenas empresas se tornam maiores e mais complexas, surgem novos desafios administrativos e estruturais que muitas vezes constituem desvantagens, tais como:

a) a empresa geralmente depende demasiadamente do proprietário-administrador;

b) a quantidade de dados estrategicamente relevantes que necessitam ser analisados gera um processamento mais complicado das informações, o que acaba exercendo pressão significativa à estrutura simples e sobre o proprietário-gerente;

c) a empresa normalmente cresce de forma inadequada à medida que o volume de negócios se expande;

d) as tarefas que necessitam ser realizadas tornam-se mais complexas;

e) comumente faltam aos proprietários-administradores as habilidades organizacionais e a experiência necessária para administrar eficientemente as tarefas especializadas e complexas envolvidas nas múltiplas funções organizacionais;

f) não facilita o desenvolvimento de futuros administradores;

g) o proprietário-administrador geralmente se preocupa com assuntos do dia a dia, e não com a estratégia futura;

h) a comunicação predominantemente informal, a centralização da autoridade em uma só pessoa e a falta de mecanismos de coordenação se convertem em obstáculos para o bom funcionamento da empresa;

i) a estrutura simples é adequada para empresas que atuam em ambiente simples e dinâmico; porém, pode não ser quando se trata de ambiente mais complexo e de maior amplitude.

11.2 ESTRUTURA FUNCIONAL

A estrutura funcional tem sua origem nos estudos desenvolvidos por Taylor,[10] o qual pregava a especialização das funções e a supervisão funcional. De acordo com a especialização das funções, cada operário deveria exercer uma reduzida variedade de atividades para aumentar a eficiência. Quanto à supervisão funcional, significa que cada indivíduo pode receber ordens de diferentes superiores hierárquicos, de acordo com a especialidade de cada um.

---

[10] Ver: TAYLOR, Frederick Winslow. **Princípios de administração científica**. São Paulo: Atlas, 1963.

O objetivo principal da estrutura funcional é implantar a especialização nos diferentes níveis hierárquicos da organização, onde a departamentalização deve ser instituída a partir das funções básicas das empresas, tais como marketing, produção, finanças etc.[11] A Figura 11.2 ilustra a estrutura funcional:

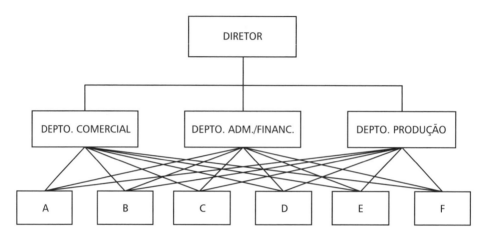

Fonte: Do Autor.

Figura 11.2 *Estrutura funcional.*

A estrutura funcional apresenta aspectos positivos que resultam em vantagens competitivas, assim como também apresenta alguns inconvenientes para a empresa.

Dentre as principais vantagens destacam-se:

a) a estrutura funcional, pelo fato de que está baseada na especialização das funções, permite que os responsáveis pelos departamentos conheçam melhor as atividades de seus subordinados, e, em consequência, torna-se mais efetiva sua autoridade;

b) a eficiência é incentivada através da especialização;

c) esta estrutura facilita o desenvolvimento de sistemas de controle pelos níveis mais elevados da organização, uma vez que a especialização possibilita uma clara definição das atribuições de cada um de seus membros;

d) a especialização reduz as possibilidades de duplicidade de postos e de tarefas;

---

[11] Este tema (departamentalização) será abordado com mais detalhes no capítulo seguinte (Capítulo 12).

e) este tipo de estrutura apresenta também maior concentração da autoridade na alta administração, o que pode ser positivo em situações de crise ou de conflito;

f) mantém o controle centralizado das decisões estratégicas;

g) a existência da especialização facilita o compartilhamento do conhecimento e o desenvolvimento de ideias;

h) a estrutura funcional facilita ainda a carreira e o desenvolvimento profissional em áreas funcionais especializadas.

Entre os principais inconvenientes deste tipo de estrutura organizacional, destacam-se:

a) uma consequência negativa não intencional deste tipo de estrutura é a tendência para que os gerentes das áreas funcionais se concentrem mais em questões estratégicas locais da empresa, em vez de globais;

b) destaca-se também como desvantagem da estrutura funcional a dificuldade de coordenação entre os diferentes departamentos, cujos gerentes muitas vezes perseguem objetivos antagônicos;

c) limita o desenvolvimento de administradores generalistas;

d) a centralização, que é uma vantagem relativa, se transforma em inconveniente quando a empresa aumenta de tamanho e dificulta o seu funcionamento em função da centralização da tomada de decisões (o processo decisório tende a ficar muito longo e moroso, à medida que a empresa cresce);

e) quando as empresas que utilizam este tipo de estrutura se fazem maiores, seus principais dirigentes tendem, muitas vezes, a dedicar mais atenção às questões de funcionamento do dia a dia da empresa, esquecendo a perspectiva estratégica dos problemas.

11.3 ESTRUTURA MULTIDIVISIONAL

A estrutura multidivisional é típica das empresas diversificadas, uma vez que o aumento da complexidade resultante do crescimento torna imprópria a estrutura funcional. Assim, quando a empresa se diversifica, tanto em produtos quanto em mercados, ou ambos, a estrutura multidivisional é mais efetiva do que a funcional.

Outros fatores, tais como a limitada capacidade dos principais executivos para processar crescentes quantidades de informações estratégicas resultantes do crescimento da empresa, a focalização de gerentes em questões locais e a diversificação também figuram como importantes fatores que conduzem à opção pela estrutura multidivisional. A Figura 11.3 ilustra este tipo de estrutura organizacional.

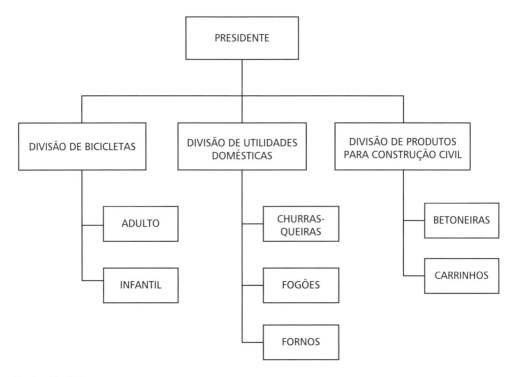

Fonte: Do Autor.

Figura 11.3   *Estrutura multidivisional.*

A estrutura multidivisional também apresenta vantagens e desvantagens. Entre as principais vantagens, destacam-se:

a) sua principal vantagem está em que cada divisão seja capaz de concentrar-se nos problemas e nas oportunidades no ambiente específico de cada negócio (os produtos/mercados em que a empresa opera podem ser tão diferentes entre si, que seria praticamente impossível integrar todas as unidades sob uma única administração);

b) o crescimento da empresa é facilitado. À medida que novas linhas de produtos são criadas ou adquiridas, elas podem ser integradas a uma divisão já existente, ou então servir de base para a criação de uma nova divisão;

c) este tipo de estrutura oferece às grandes companhias a possibilidade de estarem mais próximas de seus mercados específicos;

d) coloca o desenvolvimento e a implementação da estratégia mais perto dos ambientes divisionais únicos;

e) a grande independência das divisões alivia a carga de trabalho da administração central, permitindo que os principais dirigentes da companhia possam dedicar mais tempo à análise do desempenho de cada divisão, à alocação dos recursos entre elas e às decisões estratégicas mais abrangentes;

f) permite melhor formação e desenvolvimento dos diretores de unidade, contrariamente ao que ocorre na estrutura funcional, onde os executivos são especializados (comparativamente a outras estruturas, os diretores das divisões da estrutura multidivisional geralmente estão mais bem preparados para assumir postos na administração central);

g) pelo fato de serem quase independentes, o resultado de uma divisão não afeta substancialmente as outras.

Como principais desvantagens, a estrutura multidivisional apresenta:

a) o caráter semiautônomo das unidades, ou divisões, pode levá-las a maximizar seus próprios objetivos, em detrimento das demais, ou da empresa como um todo;

b) podem surgir problemas em função do aumento da autoridade dos dirigentes das divisões;

c) aumenta o problema de se chegar a um método para distribuir as despesas gerais corporativas que seja aceitável pelos diferentes diretores de divisão com responsabilidade pelos lucros;

d) pode haver conflito entre as divisões em função de fatores tais como o apoio da alta administração, a alocação de recursos etc., diminuindo assim a cooperação entre elas;

e) quando as divisões atuam em atividades muito diferentes, fica difícil a transferência de pessoas entre elas;

f) a alta independência das divisões pode gerar concorrência entre elas, o que dificulta a integração e a coordenação dos esforços entre as várias unidades.

11.4 ESTRUTURA MATRICIAL

A estrutura matricial integra as necessidades funcionais com as de projetos, resultando em uma rede de relacionamentos. Nesse tipo de estrutura, os principais dirigentes, localizados no topo, têm responsabilidade funcional, enquanto os administradores listados abaixo, na lateral, têm responsabilidade pelos projetos. Dessa forma, esta estrutura permite que os responsáveis pelos projetos atravessem linhas departamentais para promover a implementação de estratégias.

Assim, na estrutura matricial cada funcionário está sujeito à autoridade de pelo menos dois dirigentes, quais sejam, o administrador funcional e o administrador de projetos, tal como ilustra a Figura 11.4:

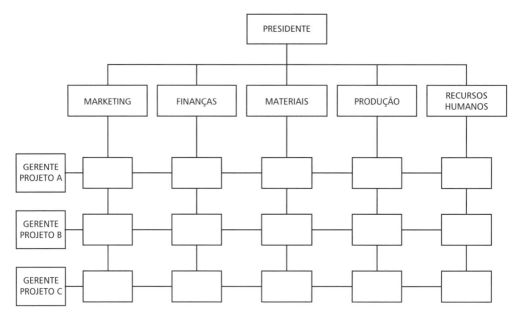

Fonte: Do Autor.

Figura 11.4   *Estrutura matricial.*

Na estrutura matricial, os dirigentes funcionais permanecem fixos em suas posições, enquanto os gerentes de projetos podem ser modificados, dependendo do que está sendo executado. Assim sendo, um profissional que atua como coordenador em um projeto, em um outro poderá não ocupar tal posto. A esse respeito, Montana e Charnov[12] comentam que, na estrutura matricial, "pessoas de diferentes formações e experiências que se relacionam com o projeto são reunidas e recebem um projeto específico para ser realizado em certo período de tempo. Quando o projeto é concluído, esse pessoal especializado retorna às suas atribuições normais de trabalho".

---

[12]   MONTANA; CHARNOV, op. cit., 2003, p. 180.

Da mesma forma que os demais tipos de estrutura organizacional, a matricial também apresenta vantagens e desvantagens. Entre as principais vantagens, destacam-se:

a) a estrutura matricial tem grande flexibilidade, permitindo que os funcionários possam ser facilmente transferidos entre os projetos;

b) os funcionários de nível hierarquicamente inferiores ficam mais intimamente envolvidos com os projetos;

c) a estrutura matricial é um excelente veículo de treinamento para administradores gerais;

d) a burocracia formal é, em grande parte, substituída pelo contato entre as pessoas;

e) alimenta a criatividade e multiplica as fontes de diversidade;

f) permite uma maximização do uso das capacidades dos empregados, na medida em que terminam os projetos existentes e aparecem outros novos.

Entre as desvantagens da estrutura matricial, destacam-se:

a) a existência de um duplo fluxo de comando, que faz com que os empregados estejam submetidos a uma dupla autoridade, pode causar problemas tais como a ocorrência de ordens contraditórias;

b) sua implantação implica a necessidade de uma grande mudança de cultura organizacional, o que pode dificultar sua eficácia;

c) necessita de uma grande coordenação vertical e horizontal;

d) os empregados necessitam ser altamente capacitados, o que implica salários mais altos e elevação dos gastos gerais;

e) quanto maior for a organização, mais difícil fica manejar uma estrutura matricial devido à ampliação na complexidade das tarefas;

f) as pessoas que perdem o posto de comando quando o projeto que coordenavam termina podem sentir-se frustradas.

12

Diferenciação Horizontal: Departamentalização

Enquanto a definição da estrutura organizacional trata de aspectos organizacionais mais amplos, incluindo tanto a diferenciação vertical e horizontal como a integração entre seus diversos componentes, a departamentalização refere-se aos critérios utilizados para se realizar a diferenciação horizontal.

Discutindo este tema, Stoner e Freeman[1] comentam que a estrutura organizacional é a forma pela qual as atividades de uma organização são divididas, organizadas e coordenadas, enquanto que a departamentalização trata do agrupamento, em departamentos, de atividades de trabalho que sejam semelhantes ou logicamente conectadas.

Nessa mesma linha de raciocínio, Robbins[2] afirma que a estrutura organizacional define como são formalmente divididas, agrupadas e coordenadas as tarefas, enquanto a departamentalização trata das bases pelas quais os trabalhos serão agrupados de forma que as tarefas comuns possam ser coordenadas.

Desse modo, conforme foi discutido no Capítulo 10,[3] a departamentalização, ou diferenciação horizontal, trata das formas utilizadas para dividir as tarefas e distribuí-las entre os diversos departamentos, ou divisões, que compõem a organização.

---

[1] STONER; FREEMAN, op. cit., 1995, p. 230.

[2] ROBBINS, Stephen P. **Administração**: mudanças e perspectivas, São Paulo: Saraiva, 2000, p. 171-173.

[3] Ver Capítulo 10: Estruturas organizacionais: componentes e fatores contextuais, mais especificamente o item 10.1.2 (A diferenciação e a integração).

Entre os critérios mais utilizados[4] para este fim, se encontram:

a) funcional;

b) por produto;

c) por cliente;

d) por processo;

e) por região;

f) por projeto.

12.1 DEPARTAMENTALIZAÇÃO FUNCIONAL

A departamentalização funcional utiliza como critério para se realizar a diferenciação horizontal as funções básicas das empresas definidas por Fayol[5] em 1916, originalmente como função técnica, função comercial, função financeira, função contábil, função de segurança. Atualmente, essas funções normalmente são definidas como marketing, produção, materiais, finanças, recursos humanos etc., reunindo especializações e atividades similares em uma mesma unidade.

De acordo com Kast e Rosenzweig[6] e Robbins,[7] esta é a forma mais comum de departamentalização, sendo utilizada não apenas por empresas, mas também por hospitais, por agências do governo, por equipes de futebol etc. Por exemplo, um hospital poderia ter departamento de clínica médica, departamento de cirurgia, departamento de recursos humanos etc.

A Figura 12.1 ilustra a departamentalização funcional:

---

[4] Ver: KAST; ROSENZWEIG, op. cit., 1994, STONER; FREEMAN, op. cit., 1995, ROBBINS, op. cit., 2000.

[5] FAYOL, Henri. **Administração industrial e geral**. São Paulo: Atlas, 1984 (primeira edição em inglês: 1916).

[6] KAST; ROSENZWEIG, op. cit., 1994, p. 256.

[7] ROBBINS, op. cit., 2000, p. 173.

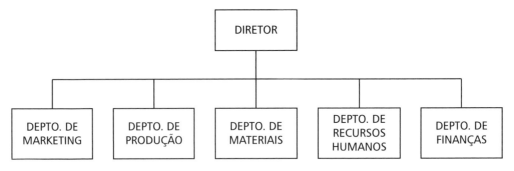

Fonte: Do Autor.

Figura 12.1 *Departamentalização funcional.*

Cada um desses departamentos, por sua vez, poderia ser subdividido em setores mais específicos, por exemplo: o departamento de marketing em divisão de vendas, divisão de propaganda etc.; o departamento de recursos humanos, em divisão de recrutamento e seleção, divisão de treinamento etc.

12.2 DEPARTAMENTALIZAÇÃO POR PRODUTO

Este tipo de departamentalização utiliza como base para agrupar as atividades os produtos que a empresa produz e/ou comercializa. De acordo com Menguzzato e Renau,[8] este critério costuma ser utilizado nos níveis hierarquicamente mais elevados das grandes organizações, sendo depois subdividido por funções, tal como ilustra a Figura 12.2. Entretanto, também é comum utilizar a departamentalização por produto como forma de subdividir um determinado departamento em divisões, tal como ilustra a Figura 12.3:

---

[8] MENGUZZATO; RENAU, op. cit., 1992, p. 303-304.

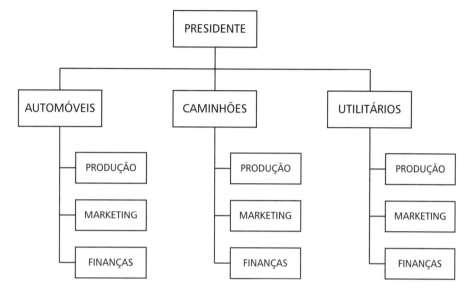

Fonte: Do Autor.

Figura 12.2   *Departamentalização por produto (exemplo a).*

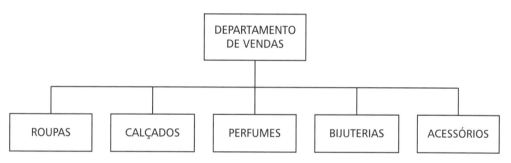

Fonte: Do Autor.

Figura 12.3   *Departamentalização por produto (exemplo b).*

12.3   DEPARTAMENTALIZAÇÃO POR CLIENTE

Neste tipo de departamentalização, a empresa utiliza os próprios clientes e/ou usuários aos quais objetiva satisfazer como base para sua divisão em setores. Esse critério é utilizado, principalmente, quando os distintos grupos de clientes demandam formas diferenciadas de atendimento. Assim, uma empresa pode utilizar distintas unidades para vender no atacado e no varejo, ou para proporcionar um atendimento especializado para clientes do sexo masculino, feminino ou infantil, tal como ilustra a Figura 12.4.

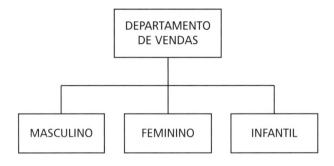

Fonte: Do Autor.

Figura 12.4 *Departamentalização por cliente.*

12.4 DEPARTAMENTALIZAÇÃO POR PROCESSO

A departamentalização por processo, geralmente utilizada no nível operacional de empresas fabris, tem nas etapas do processo produtivo as bases para criar as diferentes unidades ou departamentos, tal como ilustra a Figura 12.5.

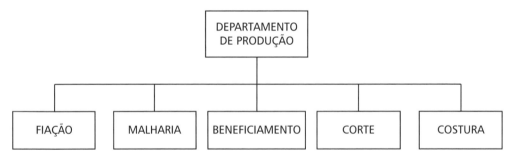

Fonte: Do Autor.

Figura 12.5 *Departamentalização por processo.*

12.5 DEPARTAMENTALIZAÇÃO POR REGIÃO

Na departamentalização por região, o critério utilizado para criar as diferentes unidades é o próprio espaço geográfico onde a empresa atua. As grandes empresas geralmente o fazem para facilitar o controle das diversas unidades de negócio dispersas em diferentes regiões enquanto as menores podem utilizar o mesmo critério para definir as diferentes regiões ou zoneamentos de vendas, tal como ilustram as Figuras 12.6 e 12.7.

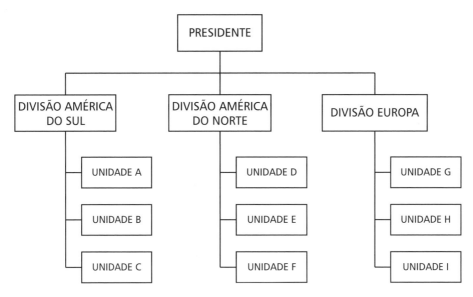

Fonte: Do Autor.

Figura 12.6   *Departamentalização por região (exemplo a).*

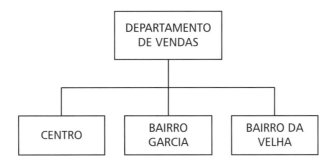

Fonte: Do Autor.

Figura 12.7   *Departamentalização por região (exemplo b).*

12.6   DEPARTAMENTALIZAÇÃO POR PROJETO

Finalmente, a departamentalização por projeto, que geralmente está associada à estrutura matricial, tem como critério para dividir a empresa em unidades os projetos em desenvolvimento. Assim, de acordo com o que comentam Montana e Charnov,[9] os trabalhadores da organização que utiliza a estrutura matricial reportam-se a dois chefes: ao dirigente funcional e ao gerente do projeto.

---

[9]   MONTANA; CHARNOV, op. cit., 2003, p. 179-180.

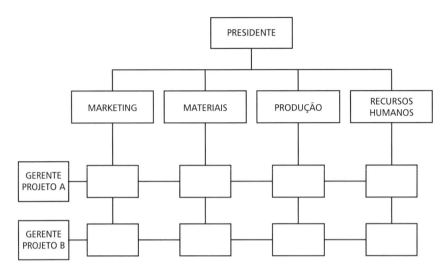

Fonte: Do Autor.

Figura 12.8   *Departamentalização por projeto (exemplo a).*

A departamentalização por projeto pode ser utilizada também para subdividir as atividades em um departamento específico. Por exemplo, uma empresa que produz equipamentos industriais sob encomenda poderá ter o seu departamento de produção organizado sob a forma de projetos. Assim, cada um dos líderes de equipe gerencia um grupo de empregados responsável pela elaboração do produto encomendado, tal como ilustra a Figura 12.9.

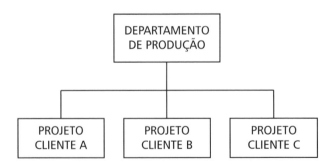

Fonte: Do Autor.

Figura 12.9   *Departamentalização por projeto (exemplo b).*

13

Instrumentos de Apoio ao Planejamento Estratégico

Para levar a cabo o processo de planejamento estratégico, muitas vezes é necessário utilizar alguns instrumentos de apoio com a finalidade de desenvolver suas etapas. Por exemplo, utilizando-se a segmentação de mercado, fica mais fácil desenvolver um perfil dos consumidores e responder a pergunta sobre *quem é o nosso cliente*. Utilizando-se a curva ABC, pode-se mais facilmente visualizar o grau de dependência da empresa em relação a determinados clientes. Assim, sem a pretensão de ser exaustivo, apresenta-se uma breve abordagem sobre alguns destes instrumentos.

13.1 SEGMENTAÇÃO DE MERCADO

Considerando que a resposta à questão sobre *quem é o nosso cliente* constitui um dos elementos-chave para se definir a missão da empresa, recomenda-se que se utilize a segmentação de mercado como instrumento para se desenvolver um perfil dos consumidores reais e potenciais.

A segmentação de mercado, de acordo com Weinstein,[1] "é o processo de dividir mercados em grupos de consumidores potenciais com necessidades e/ou características similares, que, provavelmente, exibirão comportamento de compra similar".

---

[1] WEINSTEIN, Art. **Segmentação de mercado**. São Paulo: Atlas, 1995, p. 18.

Comentando sobre este tema, Dias[2] cita diversas vantagens da segmentação de mercado, destacando:

a) permite que a empresa conheça melhor o seu cliente, o que facilita o seu atendimento;

b) facilita a quantificação do mercado e, consequentemente, a identificação de seus clientes potenciais;

c) facilita a definição de estratégias de distribuição, identificação de intermediários adequados, e informações relacionadas a logística e seus custos;

d) permite melhor aproveitamento dos recursos de mídia e, mais especificamente, dos recursos de propaganda;

e) torna mais objetiva as tarefas de pesquisa de mercado e desenvolvimento de planos específicos para o atendimento do segmento-alvo;

f) facilita a identificação de oportunidades de mercado e o alcance de melhores resultados neste sentido.

O Quadro 13.1 apresenta as principais bases que geralmente são utilizadas para a segmentação de mercado.

Quadro 13.1   *Bases para segmentação de mercado*

VARIÁVEL	DESDOBRAMENTOS TÍPICOS
GEOGRÁFICA	
Região	Região Sul, Região Sudeste, Região Norte, Região Nordeste, Região Centro-Oeste
Tamanho do município	A, B, C, D
Tamanho da cidade	Abaixo de 25 mil habitantes; de 25 mil a 50 mil; de 50 mil a 100 mil; de 100 mil a 250 mil; de 250 mil a 500 mil; de 500 mil a 1 milhão; acima de 1 milhão.
Densidade	Urbana, suburbana, rural
Clima	Quente, frio
DEMOGRÁFICA	
Sexo	Masculino, feminino

---

[2]   DIAS, Sérgio Roberto. Análise de mercado. In: DIAS, Sérgio Roberto (Org.). **Gestão de marketing**. São Paulo: Saraiva, 2003, p. 19-21.

Idade	Menos de 6; 6 a 12; 13 a 19; 20 a 29; 30 a 39; 40 a 49; 50 a 59; 60 ou mais
Tamanho da família	Uma ou duas pessoas, três ou quatro pessoas, mais de cinco pessoas
Ciclo de vida familiar	Solteiro; casado sem filhos; casado com filho caçula abaixo de 6 anos; casado com filho caçula acima de 6 anos etc.
Renda familiar	Abaixo de R$ 500,00; de R$ 500,00 a R$ 1.000,00; de R$ 1.000,00 a R$ 3.000,00; de R$ 3.000,00 a R$ 5.000,00; mais de R$ 5.000,00
Ocupação	Funcionários públicos; profissionais de níveis técnico; profissionais de níveis superior; executivos e empresários; operários; estudantes; profissionais liberais; donas de casa; desempregados, outros
Religião	Católico, judeu, protestante, outros
Raça	Branco, negro, oriental, outros
Nacionalidade	Brasileiro, espanhol etc.
PSICOGRÁFICA	
Classe social	Abaixo do nível de pobreza, pobreza, classe operária, classe média, classe média alta, classe alta
Estilo de vida	Tradicional, sofisticado, segundo a moda
Personalidade	Cordial, agressivo, distante
COMPORTAMENTAL	
Ocasião de compra	Normal, especial
Frequência de uso	Rara; média; intensa
Benefícios procurados	Qualidade, economia, prestígio
Status do usuário	Não usuário; ex-usuário; usuário potencial; usuário regular
Grau de lealdade	Nenhum, médio, forte, absoluto
Estágio cognitivo para com o produto	Desconhece, conhece, informado, interessado, desejoso, pretendendo comprar
Atitude emocional com relação ao produto	Entusiasta, positivo, indiferente, negativo, hostil

Fonte: Adaptado de Kotler e Armstrong; e Churchill e Peter.

De acordo com o que se apresentou anteriormente, após a definição do negócio, a empresa deve tratar de responder a questão sobre *quem é o nosso cliente*. Para tanto, a mesma deve segmentar o seu público-alvo, traçando um perfil dos atuais e futuros clientes e/ou usuários para os quais estará orientando seus esforços.

164 Planejamento Estratégico • Andrade

Determinada empresa que produz bebidas destiladas definiu o seu negócio como *prazer* e *descontração* e, a partir da análise do Quadro 13.1, identificou como público-alvo as pessoas que apresentam as seguintes características: pessoas adultas de ambos os sexos; predominantemente maiores de 25 anos; com renda familiar superior a R$ 5.000,00 (classe média e média alta); com estilo de vida tradicional ou sofisticado, e que procuram qualidade nos bens de consumo que adquirem.

A partir desse perfil, a empresa identificou a seguinte missão: *proporcionar momentos de prazer e descontração às pessoas de paladar exigente.*

A missão definida evidencia que a empresa não existe simplesmente para oferecer bebidas destiladas, mas para proporcionar momentos agradáveis às pessoas exigentes. Dessa forma, como já foi mencionado anteriormente, a missão constitui um importante elemento para a orientação sobre as decisões relacionadas ao desenvolvimento do composto de produtos e/ou serviços necessários ao cumprimento das finalidades da empresa, que, neste caso, deve tratar-se de bebidas de alta qualidade.

13.2 CICLO DE VIDA DO PRODUTO

O ciclo de vida do produto também constitui um importante instrumento de apoio ao planejamento estratégico, na medida em que pode auxiliar os administradores na identificação de ameaças e/ou oportunidades relacionadas ao composto de produto/mercado da empresa.

De acordo com Limeira,[3] o "ciclo de vida do produto [tal como ilustra a Figura 13.1] é uma ferramenta de decisões de marketing que pressupõe que um produto percorre quatro fases distintas ao longo de sua presença no mercado: introdução, crescimento, maturidade e declínio".

---

[3] LIMEIRA, Tânia Maria Vidigal. **Administração de produtos**. In: DIAS, Sérgio Roberto (Org.). **Gestão de marketing**. São Paulo: Saraiva, 2003, p. 98-102.

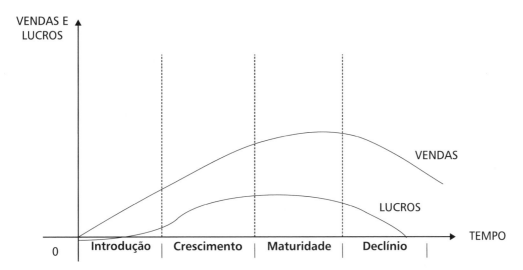

Fonte: Adaptado de Kotler e Armstrong,[4] e Limeira.[5]

Figura 13.1   *Ciclo de vida do produto.*

Comentando sobre cada uma das fases do ciclo de vida do produto, Limeira[6] destaca:

a) **Introdução**: essa fase se inicia com o lançamento do produto, tendo como característica principal um crescimento lento nas vendas e um baixo lucro ou mesmo prejuízo. Isso ocorre devido a fatores tais como os altos investimentos necessários para o desenvolvimento e para a introdução do produto no mercado, à inexistência de economia de escala e ao desconhecimento do produto ou serviço por grande parte do público-alvo.

b) **Crescimento**: nessa fase a taxa de adoção do produto pelos clientes é acelerada, aumentando as vendas e os lucros, na medida em que se ganha economia de escala. Neste estágio surgem novos concorrentes, que lançam outros produtos para aproveitar as altas taxas de crescimento da demanda. Assim, o mercado fica mais competitivo e exige maiores investimentos em marketing para sustentar os ganhos de participação no mercado. Na fase do crescimento, é comum a empresa intensificar

---

[4] Op. cit., 1995, p. 224.
[5] Op. cit., 2003, p. 98.
[6] LIMEIRA, op. cit., 2003, p. 98-100.

166 Planejamento Estratégico • Andrade

a utilização das estratégias de crescimento/diversificação discutidas no Capítulo 6.[7]

c) **Maturidade:** nessa fase, as vendas tendem a se estabilizar, acompanhando o crescimento vegetativo do mercado, que é pequeno ou, até, nulo. Na maturidade, há um grande número de concorrentes e a disputa pelo mercado fica acirrada, já que o crescimento só é possível com a perda de participação dos concorrentes. A estratégia mais adotada nesta fase geralmente está voltada para a manutenção da participação no mercado através do investimento em promoções de venda, ofertas e descontos de preço, de modo a gerar volume de vendas. Em contrapartida, para garantir a manutenção dos lucros, a empresa reduz investimentos em tecnologia, em inovações do produto e em propaganda. Algumas empresas, visando ganhar a participação da concorrência, reposicionam o produto para ganhar novos segmentos de mercado, lançando novas versões ou fazendo pequenas inovações em embalagem e *design* para atrair novos consumidores e prolongar o estágio da maturidade. Outras empresas procuram realizar investimentos na estratégia de diversificação, procurando novos negócios em mercados de potencial crescimento.

d) **Declínio:** nessa fase o produto fica obsoleto e é gradativamente substituído por novos. Na fase de declínio as vendas são decrescentes, fazendo-se necessário reduzir os custos para minimizar a redução dos lucros. Assim, algumas empresas tratam de reduzir os investimentos, enquanto outras retiram o produto do mercado.

A utilização do ciclo de vida do produto como instrumento de apoio ao processo de planejamento estratégico é especialmente útil para se identificarem oportunidades e ameaças, por exemplo: se um produto que já está próximo à fase do declínio representa um elevado percentual sobre o faturamento total com vendas da empresa, isso significa uma ameaça. Esse fato estaria exigindo o desenvolvimento de estratégias para reduzir a dependência desse produto.

A curva ABC, tal como se apresenta a seguir, também pode ser utilizada com esta finalidade.

---

[7] Ver Capítulo 6 (Posicionamento estratégico da organização).

Instrumentos de Apoio ao Planejamento Estratégico **167**

13.3 CURVA ABC

A curva ABC, de acordo com Dias,[8] refere-se à ordenação de itens conforme a sua importância relativa. Tal ordenação, por exemplo, pode ser realizada tendo-se por base a participação de cada produto, de cada cliente, ou de cada região onde a empresa atua, sobre o volume total de vendas da empresa.

O Quadro 13.2 apresenta um exemplo da utilização da curva ABC como instrumento útil à identificação de oportunidades e ameaças.

Quadro 13.2   *Curva ABC – clientes × faturamento total com vendas*

CLIENTES	PERCENTUAL DE PARTICIPAÇÃO DE CADA CLIENTE NO FATURAMENTO TOTAL COM VENDAS					
	DEZEMBRO 07		JANEIRO 08		FEVEREIRO 08	
	Simples	Acumulado	Simples	Acumulado	Simples	Acumulado
CLIENTE A	31,36%	31,36%	30,57%	30,37%	28,45%	28,45%
CLIENTE B	25,42%	56,78%	27,88%	58,25%	26,52%	54,97%
CLIENTE C	15,27%	72,05%	14,66%	72,91%	14,93%	69,90%
DEMAIS CLIENTES	27,95%	100,00%	27,09%	100,00%	30,10%	100,00%

Fonte: Do Autor.

O Quadro 13.2 mostra que a empresa em questão apresenta uma grande dependência de poucos clientes. Verifique que apenas três deles representam um elevado percentual do faturamento total com vendas da empresa (72,05% em dezembro, 72,91% em janeiro e 69,90% em fevereiro). Essa situação poderá representar uma ameaça à empresa em função do elevado poder de barganha destes três clientes.[9]

Da mesma forma que a curva ABC, neste exemplo, foi utilizada para se analisar o poder de barganha dos clientes, poderá ser utilizada também para analisar outros fatores, tais como o poder de barganha dos fornecedores, a dependência relativa de cada produto da empresa etc. O Quadro 13.3 apresenta mais um exemplo da utilização deste instrumento, referindo-se à análise da dependência da empresa em relação a cada um de seus produtos.

---

[8]   DIAS, Marco Aurélio P. **Administração de materiais**: edição compacta. São Paulo: Atlas, 1997, p. 85.

[9]   Ver p. 64: Poder de negociação dos clientes.

Quadro 13.3 *Curva ABC – produto × volume total de vendas*

PRODUTOS	Percentual sobre o volume total das vendas realizadas	
	Simples	Acumulado
PRODUTO A	35%	35%
PRODUTO B	25%	60%
PRODUTO C	20%	80%
PRODUTO D	15%	95%
DEMAIS PRODUTOS	05%	100%

Fonte: Do Autor.

Em uma situação como a ilustrada no Quadro 13.3, fica evidenciado que os produtos A, B, C e D representam 95% do volume total das vendas realizadas pela empresa, enquanto os demais representam apenas 5%. Neste caso, seria recomendável analisar cada um destes quatro produtos de maneira mais detalhada, o que pode ser feito através da análise do ciclo de vida de cada um destes, ou através da matriz BCG.

13.4 MATRIZ BCG

A matriz BCG, desenvolvida pelo Boston Consulting Group, apresenta uma estratégia de classificação que serve tanto para analisar unidades de negócio como produtos, com base em dois fatores: a taxa de crescimento do mercado e a participação relativa neste mercado, de acordo com o que ilustra a Figura 13.2:

Instrumentos de Apoio ao Planejamento Estratégico **169**

		ESTRELA Grande participação em um mercado cuja taxa de crescimento está em alta.	**DILEMA** Pequena participação em um mercado cuja taxa de crescimento está em alta.
	Alta		
	Baixa	**VACA LEITEIRA** Grande participação em um mercado cuja taxa de crescimento está em baixa.	**PESO MORTO** Pequena participação em um mercado cuja taxa de crescimento está em baixa

Alta   Baixa

Participação relativa da empresa no mercado

(eixo vertical) Taxa de crescimento do mercado

Fonte: Menguzzato e Renau;[10] Certo e Peter.[11]

Figura 13.2   *Matriz BCG.*

Os produtos denominados **vaca leiteira** são aqueles que têm elevada participação em um mercado que apresenta reduzida taxa de crescimento. Esta situação permite a geração de um excedente de caixa em função do fato de que não é necessário realizar grandes investimentos para que o produto mantenha a liderança no mercado. A empresa deve apenas investir o mínimo necessário para que este mantenha a posição dominante.

Quanto aos **produtos estrela**, têm como característica principal a elevada participação em um mercado que apresenta grande taxa de crescimento. Para manter essa posição dominante, entretanto, é necessário que a empresa realize grandes investimentos à medida que o mercado se expande, aumenta a necessidade de se destinarem recursos financeiros com a finalidade de manter ou aumentar os atuais índices de participação. Assim, para manter a posição dominante em um mercado em crescimento, é necessário, muitas vezes, investir mais dinheiro do que se consegue ganhar.

No caso dos **produtos dilema**, a característica principal é uma pequena participação em um mercado que apresenta elevada taxa de crescimento, o que gera um clima de incerteza. Além da necessidade de se destinarem grandes somas de recursos financeiros para acompanhar o ritmo de crescimento do mercado, a empresa necessita, também, realizar grandes investimentos para melhorar sua posição competitiva frente a concorrentes que mantêm a liderança.

---

[10]   Op. cit., 1992, p. 172-178.

[11]   Op. cit., 1993, p. 122-124.

Esse fato cria um dilema sobre o que decidir: vale a pena continuar investindo até que o produto se caracterize como estrela ou como vaca leiteira, ou seria melhor abandoná-lo e continuar investindo em outros negócios?

Finalmente, os produtos denominados **peso morto** têm como característica principal uma pequena participação em um mercado cuja taxa de crescimento está em baixa ou está estagnado. Esses produtos podem manter uma situação de equilíbrio, ou apresentar lucros moderados, o que seria suficiente para se manterem. Entretanto, devido às dificuldades para se incrementar suas vendas e conquistar uma posição dominante, geralmente são retirados do mercado.

Dessa forma, a matriz BCG é também um importante instrumento de apoio ao planejamento estratégico, uma vez que, no decorrer da análise externa, a empresa poderá verificar como se enquadram os seus produtos nesta matriz, facilitando assim a identificação de oportunidades e ameaças.

Apêndice

PARTE I: DESCRIÇÃO DO CASO

EPISE – Enseñanza Programada e Ingeniería de Sistemas Educativos

A EPISE, localizada em Barcelona, Espanha, é uma empresa que se dedica ao ensino e à formação empresarial ("desenho", edição e administração de cursos autoinstrutivos a distância), atuando na Espanha, Andorra, México e Chile.

A empresa foi fundada em **1965** pelo Engenheiro Industrial Dr. José Maria Ventosa, professor universitário, depois de passar vários anos trabalhando como consultor da Organização Internacional do Trabalho, onde atuava como especialista em formação profissional e produtividade.

Em seus primeiros anos de atividade, a EPISE era um pequeno escritório técnico que se dedicava exclusivamente à elaboração de cursos de autoaprendizagem a distância e sob medida para clientes específicos.

A criação de cursos constitui uma atividade de caráter muito complexo, o que exige conhecimentos altamente especializados para sua produção, além de impedir que sua venda possa ser efetuada por "vendedores correntes".

Assim, devido ao reduzido tamanho da empresa e à ausência de empregados especializados, era o próprio fundador e diretor-geral da empresa quem estabelecia os contatos diretamente com os clientes, identificava suas necessidades, negociava as vendas e desenvolvia os cursos específicos que eles requeriam – a estrutura da empresa não permitia a criação de um catálogo de cursos que pudessem ser oferecidos a diferentes clientes (o produto tinha que ser vendido para depois ser elaborado).

A excessiva centralização do poder e das atividades nas mãos do diretor-geral e a consequente lentidão da empresa obrigavam a EPISE a recusar contratos por não poder garantir o cumprimento dos compromissos no prazo exigido pelo cliente.

Essa reduzida capacidade de resposta, entretanto, não preocupava o senhor Ventosa, uma vez que, devido à complexidade do produto, não havia concorrência.

Em **1968** a EPISE contava com cerca de dez empregados. Nesta época, foi contratada por uma grande empresa do setor bancário para desenvolver quatro cursos: (1) Cálculos, (2) Contabilidade, (3) Direito Mercantil e (4) Operações Bancárias.

Motivada por esta situação, a EPISE teve a sua primeira mudança estratégica: ao desenvolver estes cursos, a empresa percebeu que, depois de uma poucas adaptações, os mesmos poderiam ser úteis também para outros bancos. Assim, com a aprovação e a cooperação do próprio cliente que os havia contratado, pela primeira vez a EPISE "quebrou a regra" e passou a contar com um catálogo de cursos previamente desenhados, editados na própria empresa, e que poderiam ser oferecidos a outros clientes.

A partir desse fato, a empresa passou a contar com dois produtos:

a) **cursos desenvolvidos à medida**, segundo as necessidades específicas do cliente contratante;

b) **cursos previamente desenhados** que poderiam ser oferecidos mediante um catálogo, a vários clientes.

Observe que, no caso dos cursos à medida, primeiro o produto teria que ser vendido para depois ser elaborado, o que não ocorre com os cursos de catálogo (estes primeiro são elaborados para depois serem vendidos).

A mudança estratégica implantada, entretanto, ficou "reduzida aos produtos oferecidos", uma vez que o diretor-geral continuou tomando as principais decisões sobre o conteúdo dos cursos e a executar as atividades de vendas etc., delegando tarefas a seus empregados, mas mantendo a centralização do poder.

O fato de contar com novos produtos fez com que a EPISE diminuísse ainda mais a sua capacidade de resposta: a concepção e o desenvolvimento de um curso constitui uma tarefa que pode levar vários meses, e a empresa não era suficientemente rápida para responder às necessidades dos clientes.

Assim, a EPISE continuava recusando contratos para cursos sob medida e, quanto aos cursos de catálogo, a lentidão da empresa não permitia que os mesmos fossem adaptados rapidamente frente às mudanças do ambiente para mantê-los ajustados às necessidades dos clientes (por exemplo: a mudança em uma lei poderia exigir grandes adaptações em um curso).

A partir de **1970** a EPISE decidiu ampliar a sua linha de negócios: além da criação e da edição de cursos, a empresa passou a oferecer serviços de tutoria, de professorado e de gestão.

A **tutoria** foi criada com o objetivo de proporcionar maior atenção e apoio direto aos participantes (alunos) na seleção dos cursos adequados às necessidades dos clientes com o fim de facilitar a obtenção do êxito nos estudos.

O **professorado** foi implantado com o propósito de ajudar os participantes mediante o apoio acadêmico.

Quanto à **gestão**, foi criada com a finalidade de atuar como interlocutor entre a EPISE e o departamento de formação ou de recursos humanos, da empresa contratante (como cliente não era considerada a empresa contratante, mas sim o seu departamento de recursos humanos).

A partir desta época (**1972**), a EPISE, que tinha no setor financeiro os seus principais clientes, decidiu adotar dito setor como *segmento de mercado objetivo* da empresa, concentrando suas atividades em bancos, caixas de poupança, cooperativas de crédito e empresas de seguro.

Segundo afirmou o diretor-geral, nesta época, a decisão foi tomada porque a Espanha é o país do mundo com maior número de bancos por habitantes (os bancos espanhóis são, em grande parte, constituídos por uma grande quantidade de pequenas agências, descentralizadas e dispersas por todas as partes, o que exige muitos diretores).

Essa decisão, que ainda hoje caracteriza as estratégias de vendas da EPISE, na opinião de seus diretores, apresenta dois lados, um positivo e outro negativo:

O *lado positivo* é que os bancos constituem um grande mercado para o qual a empresa oferece alguns produtos; entretanto, há muitos outros produtos que são necessários e que poderiam ser oferecidos a médio e a longo prazo (ainda há grandes possibilidades de expansão dos negócios nesta área).

Quanto ao *lado negativo*, fora do setor bancário a empresa é praticamente desconhecida, além de ter uma excessiva dependência de um reduzido número de clientes: somente dois bancos representavam 40% do faturamento da empresa.

Depois da redução do âmbito de atuação da empresa, através da especialização no setor bancário, os "antigos problemas" de lentidão para estabelecer mudanças continuaram, já que o senhor Ventosa manteve sua centralização de poder e de decisões.

Nesta época a EPISE contava com dois vice-diretores gerais e cinco chefes de departamento; entretanto, o diretor-geral não trabalhava em equipe, despachava diretamente com cada um dos executivos.

Assim, o diretor-geral impedia a formação de bons mandos intermediários e dificultava as comunicações laterais, além de continuar mantendo uma excessiva concentração de atividades em suas mãos.

Essa centralização impedia a expansão dos negócios da empresa, uma vez que somente o diretor-geral conhecia os clientes e somente ele tomava as decisões importantes, acostumando seus empregados, inclusive os que exerciam as funções diretivas, ao exercício de tarefas produtivas (*"a empresa era o senhor Ventosa e seus colaboradores"*).

Além desses problemas, outros fatos foram surgindo, tais como:

- muitas das informações importantes estavam "somente no nível de direção-geral", como, por exemplo: a empresa não trabalhava com orçamentos gerais, senão com o "orçamento do diretor-geral", que obviamente não era bem conhecido pelos demais membros da organização;

- acostumados a preocupar-se somente com tarefas internas, os empregados adotaram uma atitude focada no produto, ainda que distorcida, com uma limitada visão de futuro, e com desconhecimento do ambiente externo da empresa (não conheciam o mundo exterior, não sabiam como eram, tampouco o que queriam os clientes);

- a empresa estava muito orientada para o produto, e não para os clientes.

Em **1990** a EPISE enfrentou o mais grave de seus problemas:

Depois de exercer a função de diretor-geral ao longo de 25 anos, falece repentinamente o senhor Ventosa.

Diante dessa situação, a família chegou a pensar em fechar a empresa; entretanto, seu filho de 26 anos, bacharel em Administração de Empresas e que até então trabalhava em outra empresa, decidiu enfrentar o desafio de manter a EPISE no mercado.

Assim, a EPISE ficou com um diretor-geral muito jovem, que não conhecia o setor bancário e, além disso, não sabia criar cursos. Sua primeira impressão, segundo ele mesmo disse, era que *"os sapatos eram muito grandes para ele"*. Ademais, o vice-diretor-geral de produto, que ao longo de 22 anos havia acumulado uma grande experiência na criação de cursos, estava a ponto de se aposentar, o que ocorreu dois anos depois da morte do senhor Ventosa.

Dada a juventude do novo diretor-geral, todos acreditavam que se produziria um *gap* entre a figura de seu pai e a sua. Entretanto, dada sua experiência como gerente de consultoria e sua formação em uma empresa multinacional de serviços e como vendedor de ditos serviços, decidiu enfrentar os novos desafios que apareceram.

Depois de realizar um diagnóstico da empresa, o novo diretor-geral se dedicou a conhecer todos os problemas anteriormente descritos e, além disso, pôde constatar que:

- a empresa era muito orientada para o produto e pouco para os clientes;
- o sistema de marketing da empresa era insuficiente ou inadequado;
- os dirigentes (vice-diretores gerais e chefes de departamento) eram resistentes a mudanças e muito orientados a tarefas e procedimentos e pouco a resultados.

Diante de todos esses problemas, o único ponto positivo considerado importante foi o fato de que, antes de morrer, o antigo diretor-geral deixou um contrato assinado.

Este contrato, ainda que não garantisse a sobrevivência da empresa, representava a cobertura de cerca de 25% dos custos totais por um período de dois anos.

PARTE II: PLANO DE EMERGÊNCIA

a) Quadro – resumo do plano de emergência

PROBLEMA	SOLUÇÕES
1. Excessiva dependência de poucos clientes;	Esforço de vendas/visitas a clientes
2. Resistência a mudanças;	Renovação de pessoal-chave
3. Sistema de marketing insuficiente ou inadequado;	Política de comunicação interna e externa
4. Pouca preocupação com o ambiente externo;	
5. As informações não fluem nos diversos níveis da empresa;	
6. Não há políticas formalizadas de gestão (decisões excessivamente centralizadas);	Administração por objetivos e avaliação de desempenho
7. Empresa muito lenta (incapacidade de abastecer as solicitações do mercado e incapacidade de expansão e/ou diversificação);	Projetos interdepartamentais
8. Empresa muito orientada para o produto e pouco para o cliente;	
9. Ausência de lideranças intermediárias;	Programa de identificação de potenciais e criação de uma futura geração de dirigentes
10. Novo diretor-geral não sabe criar cursos.	Projetos interdepartamentais

b) Descrição detalhada das ações

A primeira decisão tomada pelo novo diretor-geral foi fazer uma reunião com todos os dirigentes da empresa (subdiretores e chefes de departamento), onde foram constatados todos os problemas relacionados na primeira parte deste caso.

Um diretor sugeriu uma redução de salário como forma da empresa enfrentar seus problemas, mas, segundo disse o diretor-geral, "isso não é mais do que uma aspirina para tentar curar uma grande doença", recusando assim a proposta, e adotando as seguintes estratégias:

1991: a excessiva dependência de somente dois clientes foi considerada o "problema número um", e se decidiu fazer um grande esforço de vendas para aumentar os ingressos: o diretor-geral desenvolveu um plano de visitas aos clientes, ao longo de três meses.

O novo diretor-geral decidiu atuar na área de vendas[1] porque acreditava que seu sobrenome e sua impressionante semelhança física com seu pai facilitaria a aceitação por parte dos clientes (o que de fato ocorreu: os clientes renovaram a confiança na empresa).

Ainda em **1991** o diretor-geral percebeu que alguns dos executivos eram resistentes às mudanças, e não estavam dispostos a aceitá-las, o que o levou a fazer uma renovação:

- o subdiretor-geral de serviços foi mantido em seu cargo;
- o subdiretor-geral de produto aposentou-se e foi substituído;[2]
- todos os cinco chefes de departamento foram substituídos progressivamente até 1994;
- somente um dos novos dirigentes foi recrutado no mercado de recursos humanos, sendo todos os outros promovidos internamente, através de um trabalho de identificação de potenciais e criação de uma futura geração de dirigentes;
- levou a cabo um achatamento da pirâmide, delegando poder para que os executivos pudessem tomar mais decisões, diminuindo a sua carga de trabalho.

1993: foi iniciada uma política de comunicação interna e externa:

- política de comunicação interna: caixa de sugestões; sistema de comunicações laterais; trabalhos em grupo etc.;
- política de comunicação externa: criação de uma revista de divulgação da empresa; realização de congressos e desenvolvimento de um trabalho de renovação da imagem da empresa; mudança do logotipo da empresa etc.

Ainda em **1993** a empresa começou a trabalhar com *administração por objetivos* e com *avaliação do desempenho:* nos meses de dezembro de cada ano todos os dirigentes passaram a apresentar um relatório sobre o que ocorreu no decorrer do ano, e apresentar um plano de atividades para o ano seguinte.

1994: a empresa mudou a sua maneira de trabalhar: os projetos passaram a ser realizados através de trabalho em equipe, com grupos interdepartamentais.

---

[1] Atualmente as vendas são realizadas pelo diretor-geral, pelo subdiretor-geral de produtos e pelo chefe do departamento de formação a distância (o diretor-geral dedica 50% do seu tempo para esta atividade, e os outros dois 25% cada um).

[2] Ainda que esteja aposentado, o antigo subdiretor-geral de produto continua prestando serviços de consultoria para a EPISE.

1995: foi iniciada a elaboração de um plano estratégico para o período 1996-2000 (até então a empresa não possuía um plano formal).

Em resumo, o novo diretor-geral estabeleceu cinco anos para levantar a empresa, entre 1991 e 1992 para *manter a empresa funcionando*, e de 1993 até 1995 para iniciar o seu desenvolvimento.

Hoje a EPISE é um centro de formação profissional que se caracteriza por uma boa solvência financeira, tendo como único problema que merece destaque a excessiva concentração no setor bancário, o qual a empresa pretende resolver através do seu processo de planejamento estratégico.[3]

---

[3] Visite o *site* da empresa: <http://www. epise.es>.

Referências

ANDRADE, Arnaldo Rosa de. Gestão estratégica de universidade: análise comparativa de instrumento de planejamento e gestão. In: EnANPAD, 27, 2003, Atibaia. **Anais...**

_____. **Las instituciones universitarias como organizaciones complejas**: análisis comparativo de instrumentos de planificación y gestión. 2003. 264 p. Tese (Doutorado em Administración y Dirección de Empresas) – Departament d'Organitzaciò d'Empreses, Universidad Politécnica de Catalunya, Barcelona.

AMIT, Raphael; SCHOEMAKER, Paul J. H. Strategic assets and organizational rent. **Strategic Management Journal**, v. 14, 1993.

ANDREWS, Kenneth R. **The concept of corporate strategy**. Illinois: Dow Jones-Irwin, 1971.

ANSOFF, H. Igor. **Corporate strategy:** an analytic approach to business policy for growth and expansion. New York: McGraw-Hill, 1965.

_____. **Estratégia empresarial**. São Paulo: McGraw-Hill, 1977.

_____; DECLERCK, Roger P.; HAYES, Robert. **Do planejamento estratégico à administração estratégica**. São Paulo: Atlas, 1981.

ARGUIN, Gérard. **La planificación estratégica en la universidad**. Québec: Prensas de la Universidad de Quebec, 1989.

BARNEY, Jay. Firm resources and sustained competitive advantage. **Journal of Management**, v. 17, nº 1, p. 105-112, 1991.

BLAU, Peter M.; SCOTT, W. Richard. **Organizações formais**: uma abordagem comparativa. São Paulo: Atlas, 1979.

CAMPOS, Eduardo Bueno. **Dirección estratégica de la empresa**: metodología, técnicas y casos. Madrid: Pirámide, 1996.

180 Planejamento Estratégico • Andrade

CAVALCANTI, Marly; FARAH, Osvaldo E.; MELLO, Álvaro A. A. **Diagnóstico organizacional**: uma metodologia para pequenas e médias empresas. São Paulo: Loyola, 1981.

CERTO, Samuel C.; PETER, J. Paul. **Administração estratégica**: planejamento e implementação da estratégia. São Paulo: Makron Books/McGraw-Hill, 1993.

CHANDLER JR., Alfred D. **Strategy and structure**: chapters in the history of american industrial enterprise. Cambridge, MA: MIT, 1962.

COPE, Robert G. Strategic planning, management, and decision making. **AAHE/ERIC Higher Education Research Report**, Washington: American Association for Higher Education, nº 9, 1981.

COSTA, Elizier Arantes. **Gestão estratégica**. São Paulo: Saraiva, 2002.

_____. **Gestão estratégica**: da empresa que temos para a empresa que queremos. São Paulo: Saraiva, 2007.

CRAIG, James; GRANT, Robert. **Gerenciamento estratégico**. São Paulo: Littera Mundi, 1999.

DIERICKX, Ingemar; COOL, Karel. Assets stock accumulation and sustainability of competitive advantage. **Management Science**, v. 35, nº 12, p. 1504-1513, Dec. 1989.

DRUCKER, Peter F. **Prática da administração de empresas**. São Paulo: Pioneira, 1981.

EPISE, Barcelona. Disponível em: <http://www.epise.es>. Acesso em: 25 jul. 2005.

ETZIONI, Amitai. **Análise comparativa de organizações complexas**: sobre o poder, o engajamento e seus problemas. Rio de Janeiro: Zahar, 1974.

_____. **Organizações modernas**. São Paulo: Biblioteca Pioneira de Ciências Sociais, 1980.

FAYOL, Henri. **Administração industrial e geral**. São Paulo: Atlas, 1984.

GRANT, Robert M. **Dirección estratégica**: conceptos, técnicas y aplicaciones. Madrid: Civitas, 1996.

_____. The resource-based theory of competitive advantage: implications for strategy formulation. **California Management Review**, p. 114-135, Spring 1991.

HALL, Richard H. **Organizaciones**: estructuras, procesos y resultados. México: Prentice Hall, 1996.

HILL, Charles W. L.; JONES, Gareth R. **Administración estratégica**: un enfoque integrado, Santafé de Bogotá: McGraw-Hill, 1996.

HITT, Michael; IRELAND, R. Duane; HOSKISSON, Robert E. **Administração estratégica**. São Paulo: Thompson, 2003.

ITAMI, Hiroyuki. Los activos invisibles. In: CAMPBELL, Andrew; LUCHS, Kathlenn Sommers. **Sinergia estratégica**. Bilbao: Deusto, 1994.

IZQUIERDO, Francisco J. Palom; RAVENTOS, Lluis Tort. **Management en organizaciones al servicio del progreso humano**. Madrid: ESPASAS-ESCALPE, 1991.

JOHNSON, Gerry; SCHOLES, Kevan. **Dirección estratégica**: análisis de la estrategia de las organizaciones. Madrid: Prentice Hall, 1996.

KAPLAN, Robert S.; NORTON, David P. **A estratégia em ação:** balanced scorecard. Rio de Janeiro: Campus, 1997.

_____. **Mapas estratégicos:** convertendo ativos intangíveis em resultados tangíveis. Rio de Janeiro: Elsevier, 2004.

KAST, Fremont E.; ROSENZWEIG, James E. **Administración en las organizaciones:** enfoque de sistemas y de contingencias. México: McGraw-Hill, 1994.

KLUYVER,Cornelis A. de; PEARCE II. **Estratégia:** uma visão executiva. São Paulo: Pearson/Prentice Hall, 2006.

KOTLER, Philip. **Marketing.** São Paulo: Atlas, 1991.

LIMEIRA, Tânia Maria Vidigal. Administração de produtos. In: DIAS, Sérgio Roberto (Org.). **Gestão de marketing.** São Paulo: Saraiva, 2003, p. 98-102.

MENGUZZATO, Martina; RENAU, Juan José. **La dirección estratégica de la empresa:** un enfoque innovador del management. Barcelona: Ariel, 1992.

MILES, Raymond E.; SNOW, Charles C. **Organizational strategy, structure and process.** Tokio: McGraw-Hill Kogakusha, 1978.

MINTZBERG, Henry. Crafting strategy. **Harvard Business Review,** p. 66-75, July/Aug. 1987.

_____. **Mintzberg y la dirección.** Madrid: Diaz de Santos, 1991.

_____. La estructuración de las organizaciones. In: MINTZBERG, Henry.; QUINN, James Brian; **El proceso estrategico:** conceptos, contextos y casos. México: Prentice Hall, 1993a.

_____. Las cinco Ps de la estrategia. In: MINTZBERG, Henry; QUINN, James Brian. **El proceso estrategico:** conceptos, contextos y casos. México: Prentice Hall, 1993b.

_____; WATERS, James A. Of strategies, deliberate and emergent. **Strategic Management Journal,** 6, p. 257-272, 1985.

MONTGOMERY, Cyntia A.; PORTER, Michael E. **Estratégia:** a busca da vantagem competitiva. Rio de Janeiro: Campus, 1998.

NAIDITCH, Suzana. Da cabeça aos pés. **Exame,** nº 5, p. 88-90, 7 mar. 2001.

PAGNONCELLI, Dernizo; VASCONCELLOS FILHO, Paulo de. **Sucesso empresarial planejado.** Rio de Janeiro: Qualitymark, 1992.

PARSONS, Talcott. **O sistema das sociedades modernas.** São Paulo: Pioneira, 1974.

PERROW, Charles B. **Análise organizacional:** um enfoque sociológico, São Paulo: Atlas, 1976.

PETERAF, Margaret A. The cornerstones of competitive advantage: a resource-based view. **Strategic Management Journal,** v. 14, p. 179-191, 1993.

PORTER, Michael E. **Ventaja competitiva:** creación y sostenimiento de un desempeño superior. México: CECSA, 1994a.

_____. **Estrategia competitiva:** técnicas para el análisis de los sectores industriales y de la competencia. México: CECSA, 1994b.

_____. **Competição – on competition:** estratégias competitivas essenciais. Rio de Janeiro: Campus, 1999.

_____ et al. **Estratégia e planejamento**. São Paulo: Publifolha, 2002. (Coletânea HSM Management.)

RUMELT. Richard P. Towards a strategic theory of the firm. In: LAMB, R. (Ed.). **Competitive strategic management**. Englewood Cliffs, NJ: Prentice Hall, 1984, p. 556-570.

SOUZA, Edela Lanzer Pereira de. **Clima e cultura organizacionais**. São Paulo: Edgard Blücher, 1978.

STEINER, George A. **Planificación de la alta dirección**. Barañáin (Navarra): EUNSA, 1994.

STONER, James A. F.; FREEMAN R. Edward. **Administração**. Rio de Janeiro: Prentice Hall, 1995.

TAVARES, Mauro Calixta. **Gestão estratégica**. São Paulo: Atlas, 2005.

THOMPSON, James D. **Dinâmica organizacional**: fundamentos sociológicos da teoria administrativa. São Paulo: McGraw-Hill, 1976.

THOMPSON JR., Arthur; STRICKLAND III, A. J. **Planejamento estratégico**: elaboração, implementação e execução. São Paulo: Pioneira Thompson Learning, 2004.

TZU, Sun. **A arte da guerra**. 19. ed. Rio de Janeiro: Record, 1997.

_____. **A arte da guerra**: os documentos perdidos. 3. ed. Rio de Janeiro: Record, 1997.

VASCONCELLOS FILHO, Paulo de. Proposições para a formulação de um plano estratégico. In: VASCONCELLOS FILHO, Paulo de; MACHADO, Antonio de Matos Vieira. **Planejamento estratégico**: formulação, implementação e controle. Rio de Janeiro: Livros Técnicos e Científicos, 1982.

_____; PAGNONCELLI, Dernizo. **Construindo estratégias para vencer**: um método prático, objetivo e testado para o sucesso da sua empresa. Rio de Janeiro: Campus, 2001.

WEBER, Max. **Economía y sociedad**. México: Fondo de Cultura Económica, 1969, v. 1.

_____. **Ensaios de sociologia**. Rio de Janeiro: Zahar, 1979.

WEINSTEIN, Art. **Segmentação de mercado**. São Paulo: Atlas, 1995.

WHIGHT, Peter; KROLL, Mark J.; PARNELL, John. **Administração estratégica**: conceitos. São Paulo: Atlas, 2000.

WOODWARD, Joan. **Industrial organizations**: theory and practice. London: Oxford University Press, 1965.

_____. **Industrial organizations**: behavior and control. London: Oxford University Press, 1970.